प्रकाशकी

भारतीय साहित्य में आधुनिक युग के अनेक साहित्यकारों ने अपनी साहित्यिक प्रतिभा को उजागर किया है। जिनमें बँगला, उड़िया, गुजराती, हिन्दी आदि भाषाओं के विभिन्न साहित्यकारों ने साहित्य की अनेक विधा यथा-कहानी, उपन्यास, नाटक, निबन्ध आदि के रूप में अपना अमूल्य योगदान किया है।

प्रस्तुत पुस्तक- **'हिन्दी साहित्य की पाँच श्रेष्ठ कहानियाँ'** में बँगला साहित्यकारों रवीन्द्रनाथ टैगोर, शरत चन्द्र व विभूतिभूषण की कहानियाँ तथा हिन्दी साहित्यकारों चन्द्रधर शर्मा गुलेरी और जयशंकर प्रसाद की कहानियों का संकलन किया गया है, ये सभी साहित्यकार अपने युग के श्रेष्ठ कहानीकार के रूप में सर्वस्वीकृत हैं।

प्रत्येक रचनाकारों की प्रसिद्ध एक-एक कहानियाँ इस लघु पुस्तिका संकलित की गयी हैं, जो उनके रचना-कौशल एवं विचारो का प्रतिनिधित्व करती हैं।

इन कहानियों के प्रस्तुतिकरण की विशेषता यह है कि प्रत्येक कहानीकार की कहानियों के पूर्व उस कहानीकार का संक्षिप्त जीवन-परिचय, उनकी प्रमुख रचनाएँ, उनका काल आदि का संक्षिप्त वर्णन भी किया गया है, जो कि प्राय: किसी अन्य कहानी-संग्रह में नहीं है।

इसके साथ ही प्रत्येक कहानी में प्रयुक्त कठिन शब्दों के अर्थ फुटनोट के रूप में दे दिये गये हैं, जिससे पाठकों को उस कहानी के मर्म या अर्थ को समझने में असुविधा न हो।

आशा है, हमारे पूर्व कहानी-संग्रह की भाँति इस कहानी-संग्रह- **'हिन्दी साहित्य की पाँच श्रेष्ठ कहानियाँ'** को भी पाठक पूर्व की भाँति अपनायेंगे।

-प्रकाशक

हिन्दी साहित्य की पाँच श्रेष्ठ कहानियाँ

भावनाओं को उद्वेलित करने वाली मर्मस्पर्शी कहानियों का लघु पुस्तिका

संकलन व सम्पादन

डॉ. सच्चिदानन्द शुक्ल

एम.ए., पी-एच. डी. (हिन्दी), साहित्यरत्न (संस्कृत)

वी एण्ड एस पब्लिशर्स

प्रकाशक

वी एण्ड एस पब्लिशर्स

F-2/16, अंसारी रोड, दरियागंज, नई दिल्ली-110002
☎ 23240026, 23240027 • फैक्स: 011-23240028
E-mail: info@vspublishers.com • *Website:* www.vspublishers.com

शाखाः हैदराबाद

5-1-707/1, ब्रिज भवन (सेन्ट्रल बैंक ऑफ इण्डिया लेन के पास)
बैंक स्ट्रीट, कोटी, हैदराबाद-500 095
☎ 040-24737290
E-mail: vspublishershyd@gmail.com

शाखा : मुम्बई

जयवंत इंडस्ट्रिअल इस्टेट, 2nd फ्लोर – 222,
तारदेव रोड अपोजिट सोबो सेन्ट्रल मॉल, मुम्बई – 400 034
☎ 022–23510736
E-mail: vspublishersmum@gmail.com

फ़ॉलो करें:

हमारी सभी पुस्तकें **www.vspublishers.com** पर उपलब्ध हैं

© **कॉपीराइट:** वी एण्ड एस पब्लिशर्स

संस्करण: 2017

भारतीय कॉपीराइट एक्ट के अन्तर्गत इस पुस्तक के तथा इसमें समाहित सारी सामग्री (रेखा व छायाचित्रों सहित) के सर्वाधिकार प्रकाशक के पास सुरक्षित हैं। इसलिए कोई भी सज्जन इस पुस्तक का नाम, टाइटल डिजाइन, अन्दर का मैटर व चित्र आदि आंशिक या पूर्ण रूप से तोड़-मरोड़ कर एवं किसी भी भाषा में छापने व प्रकाशित करने का साहस न करें, अन्यथा कानूनी तौर पर वे हर्जे-खर्चे व हानि के जिम्मेदार होंगे।

मुद्रक: रेप्रो नॉलेजकास्ट लिमीटेड, ठाणे

विषय-सूची

रवीन्द्रनाथ टैगोर

जन्मः 7 मई 1861
मृत्युः 7 अगस्त 1941

रवीन्द्रनाथ का जन्म सन् 7 मई 1861 ई. में बंगाल के उत्तरी कोलकाता में चितपुर रोड पर द्वारकानाथ ठाकुर की गली में देवेन्द्रनाथ ठाकुर के पुत्र रूप में हुआ था। देवेन्द्रनाथ ठाकुर स्वयं बहुत प्रसिद्ध थे और सन्तों जैसे आचरण के कारण 'महर्षि' कहलाते थे। ठाकुर परिवार के लोग समाज के अगुआ थे। जाति के ब्राह्मण और शिक्षा-संस्कृति में काफी आगे बढ़े हुए। किन्तु कट्टरपन्थी लोग उन्हें 'पिराली' कहकर नाक-भौं सिकोड़ते थे। 'पिराली' ब्राह्मण मुसलमानों के साथ उठने-बैठने के कारण जातिभ्रष्ट माने जाते थे। रवीन्द्रनाथ टैगोर के पितामह द्वारकानाथ ठाकुर 'प्रिंस अर्थात् राजा कहलाते थे। इस समय इनके परिवार में अपार ऐश्वर्य था। जमींदारी बड़ी थी। यही कारण था कि रात में घर में देर तक गाने-बजाने का रंग जमा रहता था, कहीं नाटकों के अभ्यास चलते, तो कहीं विशिष्ट अतिथियों का जमावड़ा होता।

बचपन में रवीन्द्र को स्कूल जेल के समान लगता था। तीन स्कूलों को

आजमा लेने के बाद उन्होंने स्कूली पढ़ाई को तिलांजलि दे दी, किन्तु स्वतन्त्र वातावरण में पढ़ाई-लिखाई में जी खूब लगता था। दिन भर पढ़ना-लिखना चलता रहता, सुबह घण्टे भर अखाड़े में जोर करने के बाद बँगला, संस्कृत, भूगोल, विज्ञान, स्वास्थ-विज्ञान, संगीत, चित्रकला आदि की पढ़ाई होती। बाद में अँग्रेजी साहित्य का भी अध्ययन आरम्भ हुआ। कुशाग्र बुद्धि होने के कारण जो भी सिखाया जाता, तुरन्त सीख लेते और भूलते नहीं थे।

ऊँची शिक्षा प्राप्त करके कोई बड़ा सरकारी अफसर बनने की इच्छा से उन्हें विलायत भेज दिया गया। उस समय वे 17 वर्ष के थे। विलायत पहुँचकर वहाँ के पाश्चात्य सामाजिक जीवन में रंग गये, लेकिन शिक्षा पूर्ण होने के पहले ही सन् 1880 में वापस बुला लिये गये। अगले वर्ष फिर से विलायत भेजने की चेष्टा हुई, किन्तु वह चेष्टा निरर्थक हुई।

जमींदारी के काम से रवीन्द्रनाथ को उत्तरी और पूर्वी बंगाल तथा उड़ीसा के देहातों के चक्कर लगाने पड़ते थे। वह प्रायः महीनों 'पदमा' नदी की धार पर तैरते हुए अपने नौका-घर में निवास करते। वहीं से उन्होंने नदी तट के जीवन का रंग-बिरंगा दृश्य देखा। इस प्रकार बंगाल के देहात और उनके निवासियों के जीवन से उनका अच्छा परिचय हुआ। ग्रामीण भारत की समस्याओं के बारे में उनकी समझदारी और किसानों, दस्तकारों आदि की भलाई की व्याकुल चिन्ता भी इसी प्रत्यक्ष सम्पर्क से पैदा हुई थी। सन् 1903 से 1907 तक का समय उनका कष्टमय रहा, किन्तु शैक्षणिक सामाजिक कामों के कारण उन्होंने अपने साहित्य के कार्य में कोई रुकावट नहीं आने दी। कविताओं, गीतों, उपन्यासों, नाटकों व कहानियों की रचना बराबर चलती रही। गीतांजलि के गीतों और आज के राष्ट्रीय गीत 'जन गन मन' की रचना उन्हीं दिनों हुई

रवीन्द्रनाथ ने कुल ग्यारह बार विदेश-यात्राएँ की। जिससे प्रख्यात अँग्रेजी साहित्यकारों से परिचय हुआ। उन्हीं के प्रोत्साहन से रवीन्द्रनाथ ने अपने कुछ गीतों और कविताओं के अँग्रेजी में अनुवाद प्रकाशित किये। ये रचनाएँ 'गीतांजलि' शीर्षक से प्रकाशित हुईं। इस पर रवीन्द्रनाथ को नोबेल पुरस्कार मिला, जो विश्व का सर्वोच्च पुरस्कार है।

7 अगस्त 1941 को राखी के दिन कवि ने अपनी आँखे मूँद लीं। बँगला पंचांग के अनुसार कवि की जन्मतिथि पच्चीस बैसाख और निधन तिथि 22 श्रावण को पड़ती है।

1

सजा

टैगोर के पात्र प्रधानतः ऐसे हैं, जो उन्हें गाँवों की यात्रा करते समय उन्हें मिले। उनसे मिलने वालों में नर-नारियाँ, लड़के-लड़कियाँ और बच्चे तथा जीवन के निम्न स्तर से आने वाले लोग और घटनाएँ ऐसी हैं, जो गरीब लोगों की जीवन कहानी में प्रायः मिलते हैं। वास्तविकता से तनिक भी न हटते हुए इन बातों का ऐसा चित्रण है कि हम दया, क्रोध, हर्ष और विषाद से भर उठते हैं।

(1)

दम्मी और छदामी कोरी दोनों भाई भोर होते ही जब हँसिया-गँडासा हाथ में पकड़े काम पर निकले, तब उन दोनों की घरवालियों में खूब जोर का झगड़ा शुरू हो गया था। आस-पास के लोग स्वभावतः, अनेक प्रकार की खटपट और शोर की भाँति इस घर के झगड़े और उससे पैदा हुए कोलाहल के *आदी*[1] बन गये थे। जोर की चीख-पुकार और औरतों की गाली-गलौज कान में पड़ते ही लोग आपस में कहने लगते, "लो, हो गयी शुरू।" यानी जैसी कि आशा थी, आज भी उस *कुदरती*[2] सिद्धान्त में कोई अन्तर नहीं पड़ा। भोर होते ही पूरब में सूर्य के उदय होने पर जैसे कोई उसका कारण पूछने की *धृष्टता*[3] नहीं करता, ठीक वैसे ही कोरियों के इस घर में जब दोनों गृहिणयों में झगड़ा और गाली-गलौज शुरू हो जाती, तो फिर उसका कारण जानने के लिए आस-पास के किसी भी व्यक्ति को किंचित मात्र भी आश्चर्य नहीं होता।

हाँ, इतना अवश्य है कि यह कलह या रोज-रोज का झगड़ा आस-पास के लोगों की अपेक्षा दोनों भाइयों को बहुत परेशान करता था, इस पर भी वे इसे विशेष परेशानियों में नहीं गिनते थे। उनके मानसिक भाव ऐसे थे, मानो दोनों विश्वयात्रा का लम्बा सफर किसी इक्के में बैठकर काट रहे हैं और उसके बिना कमानी के पहियों के निरन्तर घड़घड़ शब्द को उन्होंने जीवन-यात्रा के विधि-विहित सिद्धान्तों में ही मिला लिया है, अपितु घर में जिस दिन कोई शोरगुल नहीं होता, चारों ओर *नीरवता-सी*[4] ही छायी रहती है, उस दिन किस

1. अभ्यस्त। 2. प्राकृतिक। 3. गलती। 4. चुप्पी।

प्रकार की मुसीबत आ जाये, इस बात का कोई अनुमान भी नहीं कर सकता।

हमारी कहानी का कथानक जिस दिन से आरम्भ होता है, उस दिन सन्ध्या को दोनों भाई मेहनत-मजदूरी करके थके-माँदे जब घर लौटे, तो देखा कि घर में सन्नाटे का साम्राज्य है।

बाहर काफी गरमी है। दुपहरिया-भर खूब जोर की वर्षा हुई और अब भी मेघ गरज रहे हैं। हवा का चिह्न तक भी नहीं। वर्षा से घर के चारों ओर का जंगल और घास आदि बहुत ऊँचे-ऊँचे हो गये हैं, वहाँ से पानी में डूबे हुए पटसन के खेत में से दुर्गन्ध-सी निकल रही है और उसने चारों ओर मानो एक चारदीवारी-सी खड़ी कर दी है। गुहाल के पास वाली छोटी-सी तलैया में मेंढक टर्रा रहे हैं और सन्ध्या का *निस्तब्ध*[1] गगन मानो झींगुरों की ध्वनि से बिलकुल पूर्ण-सा हो गया है।

समीप में बरसाती नदी पद्मा नये-नये बादलों से घिरकर और भयानक रूप धारण करके आजादी का रसास्वादन कर रही है। अधिकांश खेती को डुबोकर बस्ती की ओर मुँह बनाये बढ़ रही है। यहाँ तक कि उसने आस-पास के दो-चार आम, कटहल के वृक्षों को उखाड़कर *धरा*[2] पर लिटा दिया है और उनकी जड़ें उसके पानी में से झलक रही हैं। मानो वे अपनी अँगुलियों को गगन में फैलाकर किसी अन्तिम *अवलम्ब*[3] को पकड़ने का प्रयत्न कर रही हों।

दम्मी और छदामी, उस दिन गाँव के जमींदार के यहाँ गार में गये थे। उस पार की रेती पर धान पक गये हैं। वर्षा के पूर्व ही धान काट लेने के लिए देश के निर्धन किसान और मजदूर सब कोई अपने-अपने खेतों के काम पर पटसन काटने में लग गये हैं। केवल इन दोनों कोरियों को जमींदार के *कारिन्दे*[4] जबरदस्ती बेगारी में पकड़कर ले गये थे। जमींदार की कचहरी के छप्परों में से पानी टपक रहा था। उसकी मरम्मत के लिए कुछ और टट्टियाँ बनाने के लिए वे दोनों सारा दिन परिश्रम करते रहे थे। दो टूक कौर पेट में डालने तक का मौका नहीं मिला। कचहरी की ओर से थोड़े से चने खाने को मिल गये थे। इसके अलावा हक की मजूरी मिलनी तो दूर की बात, वहाँ उन्हें गालियाँ और फटकार ही मिलीं। जो उनकी मजूरी से कहीं अधिक ज्यादा थीं।

कीच-गारे में से किसी प्रकार निकल और पानी में होकर बड़ी मुश्किल से दोनों भाई सन्ध्या समय घर पहुँचे? देखा तो, छोटी बहू चन्दा छाती पर आँचल बिछाये चुपचाप औंधी पड़ी है। सावन की बदली की तरह उसने भी दिन-भर आँसू बहाकर आँखों को हलका किया है और अब शान्त होकर हृदय को खूब

---

1.   शान्त, चुपचाप। 2. धरती, जमीन। 3. सहारा, आधार। 4. प्रतिनिधि, कर्मचारी।

गरम कर रखा है और बड़ी बहू अपना मुँह फैलाये द्वार पर बैठी थी। उसका डेढ़ साल का बच्चा बिलख रहा था। दोनों भाइयों ने जब घर में पैर रखा, तो देखा कि बच्चा नंगा-धड़ंगा चौक में एक ओर औंधा पड़ा सो रहा है।

भूख से व्याकुल दम्मी ने घुसते ही कहा- "उठ, खाने को परोस।" बड़ी बहू राधा एक साथ जोर से बोल उठी, मानो कागज के ढेर में कोई चिनगारी पड़ गयी हो। बोली- "खाने को है क्या, जो परोस दूँ? चावल तू दे गया था? मैं क्या खुद जाकर कमा लाती?"

सारे दिन की थकान और डाँट-फटकार सहने के बाद *निराहार*[1] *निरानन्द*[2] अन्धेरे में, जलती हुई जठराग्नि पर घरवाली के रूखे शब्द, विशेषकर आखिरी वाक्य का छिपा हुआ व्यंग्योक्ति दम्मी को सहसा न जाने कैसे सहन न हुआ? क्रोधित सिंह की तरह वह चिल्लाकर बोला- "क्या कहा?"

इतना कहकर उसी क्षण हँसिया उठाकर घर वाली के सिर पर दे मारा। राधा अपनी देवरानी के पास जाकर गिर पड़ी और वहीं पर दम तोड़ दिया।

चन्दा के वस्त्र खून से लथपथ हो गये, वह हाय अम्मा, क्या हो गया, कहकर *क्रन्दन*[3] कर उठी। छदामी ने आगे बढ़कर उसका मुँह दाब लिया। दम्मी हँसिया फेंककर गाल पर हाथ रखे *भौचक्के*[4] की तरह पृथ्वी पर बैठ गया। बेटा जग गया और भय के मारे चिल्ला-चिल्लाकर रोने लगा।

बाहर का वातावरण तब तक पूर्णरूप से शान्त था। अहीरों के बालक गाय-भैंस चराकर गाँव को लौट रहे थे। उस पार की रेती पर जो लोग धान काटने गये थे। वे पाँच-पाँच सात-सात की टोली में एक छोटी-सी नाव पर बैठकर, इस पार आकर अपनी मेहनत में दो-चार पूला धान का सिर पर लादे अपने-अपने घर में जा पहुँचे थे।

गाँव के रामलोचन चाचा डाकखाने में पत्र डालकर घर लौट आये थे और सब कामों से निबटकर चुपचाप बैठे तम्बाकू का मज़ा ले रहे थे। एकाएक उन्हें याद आया कि उनके किसान दम्मी पर लगान के कुछ रुपये बाकी हैं, आज के दिन वह देने का वायदा कर गया था। यह सोचकर कि अब वह काम से लौट आया होगा, रामलोचन कन्धे पर दुपट्टा डालकर और हाथ में छतरी लेकर उसके घर की ओर चल दिये।

दम्मी और छदामी के घर में घुसते ही उनके रोंगटे खड़े हो गये। देखा तो घर में दिया तक नहीं जल रहा था। आँगन अन्धेरे से भरा हुआ था और उस अन्धेरे में दो-चार काली छाया-सी अस्पष्ट रूप में दिखायी दे रही थीं। रह-रहकर

---

1. भूखा। 2. बिना आनन्द का। 3. चिल्लाकर रोना। 4. हक्का-बक्का।

बरामदे में से किसी के रोने की आवाज आ रही थी और कोई उसे रोकने का प्रयत्न कर रहा था।

रामलोचन ने तनिक शरमाते हुए पूछा- "दम्मी है क्या?"

दम्मी अब तक *पाषाण-प्रतिमा*[1] के समान चुपचाप बैठा था। अपना नाम सुनते ही वह सिसक-सिसककर अबोध बालक की तरह रोने लगा। छदामी झटपट बरामदे में से उतरकर रामलोचन चाचा के पास आँगन में आ खड़ा हुआ। रामलोचन ने पूछा- "औरतें कलह करके मुँह फुलाये पड़ी होंगी, इसी से अन्धेरा है, क्यों? आज तो दिन-भर चिल्लाती ही रही हैं।"

छदामी अभी तक क्या करना चाहिए, इस निर्णय पर नहीं पहुँच पाया था। अनेक प्रकार की असम्भव कल्पनाएँ उसके मस्तिष्क में चक्कर काट रही थीं। अभी तक वह इसी निश्चय पर पहुँचा था कि कुछ रात बीतने पर राधा की लाश को कहीं गायब कर देगा। इसी बीच में चौधरी चाचा आन टपके, जिसकी उसे स्वप्न में भी आशा न थी। तुरन्त ही उसे कोई जवाब न सूझा। कह बैठा- "हाँ, आज बहुत झगड़ा हो गया।"

चौधरी रामलोचन बरामदे की ओर बढ़ते हुए बोले- "इसके लिए दम्मी क्यों आँसू बहा रहा है?"

छदामी ने देखा कि अब बचने की कोई आशा नहीं, तो कह उठा- "लड़ते-लड़ते छोटी बहू के माथे पर हँसिया मार दिया है।"

इनसान आयी हुई मुसीबत को ही बड़ा समझता है, उसके अलावा और भी कोई मुसीबत आ सकती है, यह बात शीघ्र ही उसके दिमाग में नहीं घुस पाती। छदामी उस समय इसी सोच में पड़ा हुआ था कि इस भयानक *अपराध-कृत*[2] के पंजे से कैसे छुटकारा मिले? लेकिन झूठ उससे भी बढ़कर मुसीबत खड़ी कर सकता है, इस बात का उसे तनिक भी ध्यान न था। रामलोचन के पूछते ही तुरन्त ही उसके दिमाग में जो उत्तर सूझा, वही उसने कह डाला। रामलोचन ने चौंककर पूछा-"एं, क्या कहा! मरी तो नहीं?"

छदामी ने उत्तर दिया- "मर गयी!" इतना कहकर उनके पाँवों पर गिर पड़ा।

चौधरी महाशय बड़े असमंजस में फँस गये। सोचा कि भगवान ने न जाने सन्ध्या समय कौन-सी मुसीबत में फँसा दिया? कचहरी में गवाही देते-देते प्राण *खुश्क*[3] हो जायेंगे। छदामी ने किसी प्रकार भी उनके चरणों को नहीं छोड़ा, बोला, "चौधरी चाचा, अब मैं बहू के बचाने के लिए क्या करूँ?"

---

1. पत्थर की मूर्ति। 2. सजा, अपराध। 3. सूख।

अभियोग के विषय में परामर्श देने में चौधरी रामलोचन गाँव भर के प्रधानमन्त्री थे। उन्होंने तनिक विचारकर कहा– "देख, एक काम कर। तू अभी दौड़ जा थाने में, कहना कि मेरे बड़े भाई दम्मी ने शाम पीछे घर आकर खाने को माँगा था। खाना तैयार नहीं था, सो उसने अपनी बहू के माथे पर हँसिया मार दिया है। मैं ठीक बता रहा हूँ। ऐसा करने से तेरी बहू बच जायेगी।"

छदामी का कण्ठ सूखने लगा। उठकर बोला– "चौधरी चाचा, बहू तो और मिल जायेगी, लेकिन भाई को फाँसी हो जाने पर फिर भाई नहीं मिल सकेगा। जब उसने अपनी घर वाली के माथे पर दोष मढ़ा था, तब उसने यह बातें नहीं सोची थीं। भय के कारण एक बात मुँह से निकल गयी, अब *आशंकित*[1] विचारों से उसका मन अपने लिए *युक्तियाँ*[2] एकत्रित करने लगा।

चौधरी ने भी उसकी बात को युक्तिसंगत माना, बोले– "तब फिर जैसा हुआ है, वैसा ही कहना। सब ओर से बचाव होना तो बहुत कठिन है, छदामी।" इतना कहकर रामलोचन वहाँ से चल दिये और देखते-देखते सारे गाँव में इस बात की चर्चा हो गयी कि कोरियों के घर की छोटी बहू ने गुस्से में बड़ी बहू को हँसिया दे मारा है।

बाँध टूटने पर जैसे ही बाढ़ आ जाती है, उसी प्रकार कोरियों के घर पुलिस आ धमकी। अपराधी और निरपराधी उन्हें देखकर घबरा उठे।

(2)

छदामी ने निर्णय किया कि जिस राह को उसने अपनाया है, उसी पर चलना ठीक होगा, क्योंकि उसने चौधरी चाचा के सामने जो बात कह डाली है, उसे गाँव का बच्चा-बच्चा जान गया है। अब यदि और कोई बात कही जाये, तो न जाने उसका क्या नतीजा निकले?

उसकी बुद्धि मारी गयी। उसने अपनी बहू चन्दा से अनुरोध किया कि वह इस बात को अपने ऊपर ले ले। सुनते ही उस पर मानो ज्वालामुखी का पहाड़ फट पड़ा। दम्मी ने उसे धीरज बँधाते हुए कहा– "अरी पगली! ऐसा करने में किसी बात का डर नहीं है, हम लोग तुझे जरूर बचा लेंगे।" चन्दा को धीरज बँधा तो सही,पर उसका गला सूख गया और चेहरे का रंग पीला पड़ गया।

चन्दा की आयु सत्रह-अठारह वर्ष के लगभग होगी। चेहरा भरा हुआ और गोल-मटोल बदन, मँझोला और गठा हुआ अंग-प्रत्यंग *सौष्ठव*[3] से परिपूर्ण, चाल अति सुन्दर, आस-पास के लोगों के घर जाकर गप-शप करना उसकी दिनचर्या थी और बगल में पानी की गागर लिये पनघट जाते समय वह दो अँगुलियों से अवगुण्ठन में तनिक-सा छिद्र करके चमकीली चंचल काली आँखों से जो कुछ

---

1. आशंका। 2. उपाय। 3. शारीरिक बनावट की सुघड़ता।

देखने लायक वस्तु होती है, उसे देख लिया करती।

बड़ी बहू ठीक इससे उलटी थी। आलसिन, फूहड़ और *बेशऊर*[1] सिर का कपड़ा, गोद का बच्चा, घर का काम कुछ भी उससे न सम्भलता था। हाथ में न तो कोई खास काम-काज होता और न फुरसत। छोटी बहू उससे अधिक कुछ कहती-सुनती न थी। हाँ, मीठे स्वर में ही दो-एक पैने दाँत गड़ा देती और हाय-हाय, ही-ही करके क्रोध में बकती-झकती रहती और इस प्रकार मुहल्ले भर की नाक में दम करती रहती।

पर इन दो गृहस्थियों में भी स्वभाव की आश्चर्यजनक एकता थी। दम्मी देह में कुछ लम्बा-चौड़ा, हट्टा-कट्टा है। चौड़ी हड्डियाँ, भद्दी नासिका, दुनिया से अनभिज्ञ आँखें। ऐसा भोला-भाला, किन्तु उससे भयानक रूप वाला कोई बिरला ही होगा।

और छदामी ऐसा लगता था जैसे किसी काले पत्थर को बड़ी मेहनत से *कोंदकर*[2] कोई प्रतिमा तैयार की गयी हो।

तनिक भी कहीं बाहुल्य एवं समानता नहीं। उसका प्रत्येक अंग स्थूल एवं शक्ति से परिपूर्ण था। चाहे तो ऊँची चट्टान से नीचे कूद पड़े, चाहे किसी पेड़ की टहनियों को एकदम तोड़ कर रख दे। हरेक कार्य में उसके चातुर्य की स्पष्ट झलक दिखायी देती थी। वह बड़े-बड़े काले बालों को तेल में डुबोकर बड़े जतन से कन्धे तक लटकाये रहता था।...इससे स्पष्ट था कि वह अपनी देह की सजावट में विशेष ध्यान रखता है।

अन्य ग्रामवासियों के सौन्दर्य की ओर से वास्तव में वह उदासीन न था, फिर भी वह अपनी घरवाली को बहुत चाहता था। दोनों में झगड़ा भी होता और मेल-जोल भी। कोई किसी को हरा नहीं पाता था? दोनों ही अनेक दावों को खेलते हुए जीवन की डगर में आगे बढ़े चले जा रहे थे।

इस दुर्घटना के कई दिन पहले से दम्पत्ति में बहुत अधिक तनातनी चल रही थी। बात यह थी कि चन्दा ने देखा कि उसका घरवाला छदामी काम के बहाने कभी-कभी दूर चला जाता। यहाँ तक कि दो-एक दिन बाहर बिताकर घर लौटता और कुछ कमा-धमाकर लाता नहीं। उसके बुरे लक्षणों के कारण चन्दा उस पर कड़ी नजर रखने लगी और ज्यादती भी करने लगी। उसने भी *पनघट*[3] पर चक्कर काटने शुरू कर दिये और मोहल्ले भर में अच्छी तरह घूम-फिरकर घर आकर काशीप्रसाद के मँझले बेटे की बहुत प्रशंसा करने लगी।

इससे परिणाम यह निकला कि छदामी के दिन और रातों में मानो किसी ने विष घोल दिया? काम-धन्धों में उसे पल-भर के लिए चैन नहीं पड़ता। इसके

1. बिना ढंग का। 2. गढ़कर। 3. पानी का घाट, जहाँ से पानी भरकर लाते है।

लिए उसने एक बार भाभी को खूब डाँटा-फटकारा। जवाब में भाभी ने खूब हाथ हिलकार, *झमक-झमककर*[1] उसके स्वर्गीय बाप को सम्बोधन करके कहना शुरू कर दिया- "यह औरत आँधी के आगे-आगे भागती है, उसे मैं सम्हालूँ। मैं तो सब कुछ समझती हूँ, किसी दिन खानदान की आबरू मिट्टी में मिला देगी!"

बगल के कोठे में चन्दा बैठी थी। उसने बाहर आकर धीमे स्वर में कहा- "दीदी, तुम्हें इतना डर क्यों है?" बस फिर क्या था, दोनों में महाभारत छिड़ गयी।

छदामी ने गुर्राकर कहा- "देख, अबकी अगर सुना कि तू अकेली पनघट पर गयी है, तो तेरी हड्डी-पसली एक कर दूँगा।"

चन्दा ने *भभककर*[2] कहा- "तब तो मेरा कलेजा ही ठण्डा जो जायेगा।" और कहती हुई वह बाहर जाने को तैयार हो गयी।

छदामी ने उसकी चुटिया घसीटकर उसे कोठे के भीतर धकेल दिया और बाहर से दरवाजे में ताला डाल दिया।

सन्ध्या समय जब छदामी घर लौटा तो देखा कि कोठा खुला पड़ा है, उसमें कोई भी नहीं है। चन्दा तीन गाँव लाँघकर सीधी अपनी नानी के घर पहुँच गयी है।

छदामी बड़ी मुश्किल से घरवाली को मनाकर वहाँ से घर वापस ले आया और अबकी बार उसने हार मान ली और फिर उसने किसी प्रकार की उससे जबरदस्ती नहीं की, लेकिन उसका मन अशान्त रहने लगा। घरवाली के प्रति शंका के भाव उसके हृदय में शूल बनकर गड़ने लगे और जब कभी वह उसकी तीव्र पीड़ा से अधिक बेचैन हो जाता, तो उसकी इच्छा होती कि काश, यह मर जाये तो पिण्ड छूटे। इनसान से इनसान को जितनी ईर्ष्या या जलन होती है, उतनी सम्भवत: यमराज को भी नहीं।

इसी बीच घर में यह दुर्घटना घट गयी।

चन्दा से जब उसके घरवाले ने हत्या का दोष ले लेने के लिए कहा, तो वह भौंचक्की होकर देखती रह गयी। उसकी कजरारी आँखें अग्नि के समान छदामी को जलाने लगीं। उसकी सारा शरीर और मन संकुचित होकर इस राक्षस के पंजे से निकलकर भागने का प्रयत्न करने लगा। उसकी *अन्तर्रात्मा*[3] विमुख होकर अपने ही घरवाले के प्रति विद्रोह कर बैठी।

छदामी ने बहुतेरा उसको ढाढ़स बँधाया कि तेरे डरने की कोई बात नहीं है। इसके बाद उसने थाने में और अदालत में जज के सामने उसे क्या कहना होगा, बार-बार सिखा-पढ़ाकर सब ठीक-ठाक कर दिया, लेकिन चन्दा ने लम्बा-चौड़ा

---

1. झूम-झूमकर, चमका-चमकाकर। 2. क्रोधित होकर। 3. भीतर का मन।

उसका व्याख्यान बिलकुल भी नहीं सुना। वह पाषाण-प्रतिमा के समान वहाँ चुपचाप बैठी रही।

सभी कामों में 'दम्मी' छदामी के भरोसे रहता है। छदामी ने जब चन्दा पर सारा दोष गढ़ने की बात कहीं, तो दम्मी ने पूछा- "फिर बहू का क्या होगा?"

छदामी ने कहा- "उसे मैं बचा लूँगा।"

भाई की बात सुनकर हाँ-हाँ कर दम्मी निश्चिन्त हो गया।

(3)

छदामी ने चन्दा को सिखा दिया था कि तू कहना- 'दीदी मुझे हँसिया लेकर मारने आयी थी, सो मैं भी हँसिया लेकर उसे रोकने लगी। अचानक वह उसके लग गया।' ये सब बातें चौधरी रामलोचन की बनायी हुई थीं। इनके अनुकूल जिन-जिन बातों और सबूतों की आवश्यकता थी, वह सब बातें भी उन्होंने विस्तार से छदामी को समझा दी थीं।

पुलिस ने आकर जोरों से *तहकीकात*[1] करनी शुरू कर दी। लगभग सभी आस-पास के लोगों के मन में यह बात घर कर गयी थी कि चन्दा ने ही जिठानी की हत्या की है। सभी गाँव वालों के बयानों से ऐसा ही सिद्ध हुआ। पुलिस की ओर से चन्दा से जब पूछा गया तो उसने कहा- "हाँ, मैंने ही खून किया।"

"क्यों खून किया?"

"मुझसे वह डाह रखती थी।"

"कोई झगड़ा हुआ था?"

"नहीं।"

"वह तुम्हें पहले मारने आयी थी?"

"नहीं।"

"तुम पर किसी किस्म का अत्याचार किया था?"

"नहीं।"

इस प्रकार का उत्तर सुनकर सब देखते रह गये।

छदामी एकदम घबरा गया। बोला- "यह ठीक नहीं कह रही है। पहले बड़ी बहू..."

---

1. खोजबीन 2. पूछताछ, बहस, सवाल-जवाब।

थानेदार ने उसे डाँटकर चुप करा दिया। अन्त तक अनेक बार *जिरह*[1] करने पर भी वही एक प्रकार का उत्तर मिला। बड़ी बहू की ओर से किसी प्रकार का हमला होना चन्दा ने किसी प्रकार भी स्वीकार नहीं किया?

ऐसी जिद्दी औरत शायद ही कहीं देखने में आती हो। वह तो जी-जान से कोशिश करके फाँसी के तख्ते की ओर झुकी जा रही है, किसी भी तरह रोके नहीं रुकती? यह कैसा रूठना है? चन्दा शायद मन-ही-मन कह रही थी कि मैं तुम्हें छोड़कर अपनी जवानी को लेकर फाँसी के तख्ते पर चढ़ जाऊँगी, फाँसी की रस्सी को गले लगाऊँगी, मेरे इस जन्म का आखिरी बन्धन उसी के साथ है।

बन्दिनी होकर चन्दा, फिर परिचित गाँव के रास्ते से, जगन्नाथ जी के शिवालय के पास से, बीच बाजार से, घाट के तट से, मजमूदारों के घर के सामने से, डाकखाना और स्कूल के बगल से, सभी परिचित लोगों की आँखों के सामने से कलंक का दाग माथे पर लगाकर सदैव के लिए घर छोड़कर चली गयी। गाँव के बालकों का एक झुण्ड पीछे-पीछे चला जा रहा था और गाँव की औरतें, उसकी सखी-सहेलियाँ, कोई घूँघट की सेंध में से, कोई दरवाजे की बगल में से और कोई वृक्ष की ओट में से सिपाहियों से घिरी चन्दा को जाती देख लज्जा से, घृणा से और भय से रोमांचित हो उठीं।

डिप्टी मजिस्ट्रेट के सामने चन्दा ने अपना ही दोष स्वीकार किया और दुर्घटना से पहले बड़ी बहू ने उस पर किसी प्रकार की ज्यादती या जुल्म किया था, यह बात उसके मुँह से किसी प्रकार निकली ही नहीं?

पर छदामी उस दिन गवाह के कचहरी पहुँचते ही रो दिया, और हाथ जोड़कर बोला- "दुहाई है हुजूर! मेरी बहू का कोई कसूर नहीं?" हाकिम ने रोबीले स्वर में उसे रोककर प्रश्न करना शुरू किया। उसने एक-एक करके सारी की सारी वारदात कह सुनायी।

पर हाक़िम ने उसकी बात का विश्वास नहीं किया। कारण, गाँव के चौधरी रामलोचन ने गवाह रूप में कहा- "खून होने के थोड़ी देर बाद मैं इनके घर पहुँचा था। गवाह छदामी ने सब बातें कबूल करके मेरे पैरों में गिरकर कहा था कि बहू को किस प्रकार बचाऊँ, कोई सलाह दीजिए। गवाह ने मुझसे कहा कि मैं यदि कहूँ कि मेरे बड़े भाई ने खाने को माँगा था, सो उसने दिया नहीं, इस पर गुस्से में आकर भाई ने अपनी घरवाली पर हँसिया का वार किया, जिससे

1. पूछताछ, बहस, सवाल-जवाब।

उसने उसी समय दम तोड़ दिया, तो वह बच जायेगा।" मैंने कहा- "खबरदार हरमजादे! अदालत में एक कथन भी झूठ का न बोलना। इससे बढ़कर महापाप और नहीं है..."

रामलोचन ने पहले चन्दा को बचाने के लिए बहुत-सी बातें बना ली थीं, किन्तु जब देखा कि चन्दा खुद ही अड़कर फँस रही है, तब सोचा कि कहीं मुझे ही झूठे जुल्म की गवाही में न फँसना पड़े। इससे जितना जानता हूँ, उतना ही कहना अच्छा है। यह सोचकर उन्होंने उतना ही कहा और उस कहने में किसी प्रकार की कोई कसर उठाकर न रखी।

डिप्टी मजिस्ट्रेट ने केस को सेशन के सुपुर्द कर दिया।

इस बीच में खेतीबारी, हाट बाजार, रोना-हँसना आदि संसार के सभी काम चलने लगे। पहले के समान सारे धान के खेतों में सावन के मेघ बरस उठे।

पुलिस मुल्जिम और गवाहों को लेकर सेशन जज की अदालत में पहुँची। *इजलास*[1] लगा हुआ था। बहुत से लोग अपने-अपने मुकदमे की *पेशी*[2] की इन्तजारी में बैठे थे। कोई मुकदमा चल रहा था। छदामी ने खिड़की में से झाँककर रोजमर्रा की इस आकुल-व्याकुल दुनिया को एक नजर से देखा। सब कुछ उसे सपना मालूम हुआ। अदालत के अहाते के भीतर के वटवृक्ष पर से एक कोयल कूक उठी।

अपनी इस पेशी पर चन्दा से झुँझला कर जज ने कहा-"तुम जिस दोष को अपने सिर पर ले रही हो, उसकी सजा जानती हो, क्या है?"

चन्दा ने कहा-"नहीं।"

जज ने मुस्कराते हुए कहा-"फाँसी यानी मौत।"

उसे सुनते ही चन्दा के होश उड़ गये। उसने गिड़गिड़ाते हुए कहा-"साहब आपके पैरों पड़ती हूँ, मुझे यही सजा दो। मुझसे अब दुनिया की बातें सही नहीं जातीं।"

जब छदामी को अदालत में पेश किया गया, तो चन्दा ने उसकी ओर से मुँह फेर लिया।

जज ने पूछा- "गवाह की ओर देखकर बताओ, यह तुम्हारा कौन लगता है?"

चन्दा ने अपने मुँह को हाथों से ढककर कहा-"यह मेरा घरवाला है साहब!"

जज-"तुम्हें यह चाहता है?"

---

1. न्यायालय। 2. प्रस्तुति।

चन्दा-"बहुत ज़्यादा हुजूर।"

जज-"तुम उसे नहीं चाहतीं क्या?"

चन्दा-"बहुत ज्यादा चाहती हूँ हुजूर।"

तभी छदामी ने बीच में ही कहा-"हुजूर, खून तो मैंने किया है।"

जज ने प्रश्न किया-"क्यों?"

छदामी ने कहा-"खाने को माँगा था, सो उसने दिया नहीं।"

दम्मी जब गवाही देने आया बेहोश होकर गिर पड़ा। होश आने पर उसने कहा-"हुजूर! खून तो मैंने किया है।

"क्यो?"

"भात माँगा था, सो उसने दिया ही नहीं।"

बहुत जिरह और गवाहों के बयान के बाद जज ने साफ-साफ़ समझ लिया कि घर की बहू को फाँसी से बचाने के लिए दोनों भाई अपराध स्वीकार कर रहे हैं। लेकिन चन्दा थाने से लेकर सेशन अदालत तक एक ही बात बराबर कहती आ रही थी। उसकी बात में तनिक भी कहीं अन्तर नहीं पड़ा। दो वकीलों ने *स्वतः-प्रवृत्त*[1] होकर उसे फाँसी के फन्दे से बचाने का बहुत प्रयत्न किया, लेकिन अन्त में उन्हें हार माननी पड़ी।

जिस दिन तनिक-सी आयु में एक काली-काली छोटी-मोटी लड़की अपना गोल-मोल चेहरा लिये, गुड्डा-गुड़िया फेंककर अपने माता-पिता का संग छोड़कर ससुराल आयी थी, उस दिन रात को शुभ लग्न के वक्त आज दिन की कौन सोच सकता था? उसके पिता ने अन्तिम समय में यह कहा था कि खैर, कुछ भी हो मेरी लड़की तो ठीक-ठिकाने से लग गयी।

फाँसी से पूर्व, जेलखाने में सिविल सर्जन ने चन्दा से पूछा-"किसी को देखने की इच्छा हो तो बोलो?"

चन्दा ने उत्तर दिया-"बस एक बार अपनी माँ को देखना चाहती हूँ।"

सिविल सर्जन ने पुनः कहा-"तुम्हारा घरवाला तुमसे मिलना चाहता है, उसे बुलवा लिया जाये।"

चन्दा ने उद्विग्न होकर कहा-"उहूँ हूँ, उसे मौत भी नहीं आयी।"

---

1. स्वयं ही कार्य कर।

शिक्षा

कभी-कभी बचाव का गलत तरीका निर्दोष व्यक्ति को भी अपराधी सिद्ध कर देता है।

सन्देश

➤ क्रोध अनर्थ की जड़ है, अतः क्रोध से बचो।

➤ गृह-कलह अनेक समस्याओं का जन्मदाता है, अतः पारिवारिक प्रेम बनाये रखो।

➤ जहाँ सुमति तहँ सम्पत्ति नाना; जहाँ कुमति तहँ बिपति निधाना।

शरत् चन्द्र चटोपाध्याय

जन्मः 15 सितम्बर 1876
मृत्युः 16 जनवरी 1938

बँगला भाषा के महान् साहित्यकार शरत् चन्द्र का जन्म पश्चिम बंगाल में हुगली जिले के देवनन्द पुर गाँव में सन् 15 सितम्बर 1876 में हुआ था। वे अत्यन्त गरीबी में पैदा हुए थे। उनके परिवार को आर्थिक रूप से अन्य सदस्यों से मदद मिलती थी।

पैसे (धन) के अभाव में इनके पिता ने देवनन्द पुर वाले घर को 225 रुपये में बेच दिया, जिसके कारण इन्हें स्कूल भी छोड़ना पड़ा। इसके बाद इनके पूरे परिवार को बिहार प्रान्त के भागलपुर शहर में आना पड़ा। शरत् चन्द्र ने 1894 में मैट्रिक शिक्षा तेजनारायण जयन्ती कालेज भागलपुर में शुरू की। यहाँ इनका सम्पर्क ऐसे लोगों से हुआ, जिन्होंने इनके लेखन को प्रभावित किया, जैसे- अनुपमा (जो बाद में निरुपमा देवी के नाम से प्रसिद्ध हुईं), इनके भाई विभूतिभूषण भट्ट और राजेन्द्रनाथ मजूमदार।

इनके पिता भी लेखक थे, उन्होंने भी बहुत कुछ लिखा था, किन्तु वह प्रकाशित नहीं हो सका। अपने पिता के लेखन कार्य से शरत् चन्द्र को बहुत प्रेरणा मिली। 1894 में बच्चों की एक हस्तलिखित पत्रिका 'शिशु' में इनकी दो

कहानियाँ–'काक भाषा' और 'काशीनाथ' प्रकाशित हुईं। इसी बीच दुर्भाग्यवश 1895 में इनकी माँ का देहान्त हो गया। शरत् चन्द्र वैसे तो जीविका के लिए छोटे-मोटे काम करते रहे, किन्तु पिता से अनबन होने के कारण घर त्याग दिया और नागा साधुओं के समाज में शामिल हो गये। तथा मुजफ्फर पुर (बिहार) चले गये।

सन् 1902 में उनके पिता की मृत्यु होने पर अन्तिम-संस्कार के लिए भागलपुर लौटे। वहाँ से वे कोलकाता चले आये और 30 रुपये मासिक वेतन पर नौकरी शुरू की। किन्तु एक वर्ष बाद अर्थात् 1903 में बर्मा की राजधानी रंगून और वहाँ से म्यांमार चले गये। इसके पूर्व अपने चाचा सुरेन्द्रनाथ के अनुरोध पर एक प्रतियोगिता के लिए इन्होंने अपनी एक कहानी 'मन्दिर' भेजा और उन्हें प्रथम पुरस्कार मिला। इस कहानी को बाद में (1904 में) शरत् चन्द्र ने अपने चाचा के नाम से ही प्रकाशित कराया। इसके अतिरिक्त अपनी बड़ी बहन अनिला देवी और अनुपमा के नाम से भी 'यमुना' नामक पत्रिका में अनेक कहानियाँ छपवायीं।

शरत् चन्द्र ने 1906 में शान्ति देवी से विवाह किया। सन् 1907 में इन्हें एक पुत्र भी हुआ, किन्तु दोनों की मृत्यु 1908 में प्लेग के कारण हो गयी। 1910 ई. में 'मोक्षदा' नामक विधवा से उन्होंने दूसरा विवाह किया, जिसका नाम बदल कर 'हिरण्यमयी' रखा।

काफी संघर्षपूर्ण जीवन व्यतीत करने वाले शरत् चन्द्र ने कोलकाता में 1916 में लोकलेखा विभाग में स्थायी रोजगार प्राप्त किया और वहीं रहकर नियमित रूप से लेखन कार्य जारी रखा। शरत् चन्द्र की एक लम्बी कहानी 'बड़ी दीदी' दो किश्तों में 'भारती' पत्रिका में प्रकाशित हुई। इसके साथ ही वे एक उल्लेखनीय उपन्यासकार के रूप में विख्यात् हो गये। वे बँगला उपन्यासकार बँकिमचन्द्र से काफी प्रभावित थे।

शरत् चन्द्र की कहानियाँ उनके बारे में स्वयं बोलती हैं। अत्यन्त गरीबी में पलने के बावजूद उनके लेखन स्तर में अत्यन्त उत्कृष्टता और उच्चता है। उनकी रचनाएँ कहानी के पात्र व परिवेश के इर्दगिर्द ही घूमती हैं। शरत् चन्द्र 20वीं सदी के अग्रणी बँगला लेखक रहे हैं। इनकी रचनाओं का दूसरी भाषाओं में भी अनुवाद किया गया तथा फिल्में भी बनायी गयीं। 1936 ई. में ढाका विश्वविद्यालय ने उन्हें डी.लिट की मानद डिग्री प्रदान की।

16 जनवरी 1938 ई को 61 वर्ष की आयु में कोलकाता के पार्क नर्सिंग होम में कैंसर की बीमारी के कारण उनका निधन हो गया। पूरा बंगाल उनके शोक में डूब गया।

रचनाएँ: शरत् चन्द्र ने अनेक उपन्यास और निबन्ध लिखे, जिनमें से निम्नलिखित हैं–

उपन्यास: देवदास, परिणीता, विराजबहू, श्रीकान्त, बड़ी बहन, पाली समाज, चरित्रहीन आदि।

2

महेश

शरत् चन्द्र की कहानियाँ जमीन से जुड़ी हुई देशकाल की ग्रामीण आर्थिक, सामाजिक व धार्मिक अन्धविश्वास को रेखांकित कर उन पर तीव्र प्रहार करती हुई रचनाएँ हैं। वे हिन्दू-मुस्लिम संस्कार की समानता और उनकी समस्या के हल के पक्षपाती थे। बर्बर, क्रूर और कट्टर-पन्थ पर उन्होंने तीखा प्रहार किया।

(1)

गाँव का नाम है- काशीपुर। छोटा-सा गाँव और जमींदार उससे भी छोटा, मगर फिर भी उसका दबदबा ऐसा कि प्रजा चूँ[1] तक नहीं कर सकती।

छोटे लड़के की पूजा थी। जन्म-तिथि की पूजा समाप्त करके तर्करत्न महाशय दोपहर के वक़्त घर लौट रहे थे। बैसाख ख़तम होने को है, पर आकाश में बादल की छाया तक नहीं, वर्षा न होने के कारण आकाश से मानो आग बरस रही है।

सामने की दिशाओं तक फैला मैदान कड़ी धूप से सूखकर फटने लगा है और उन लाखों दरारों में से धरती की छाती का खून मानो धुआँ बनकर उड़ा जा रहा है। *अग्निशिखा-सी*[2] उसकी लहराती हुई *ऊर्ध्वगति*[3] की तरफ देखने से सिर चकराने लगता है, जैसे नशा आ गया हो।

उस मैदान के किनारे रास्ते पर गफूर जुलाहे का घर है। उसकी मिट्टी की दीवार गिर गयी है और आँगन सड़क से आ मिला है, मानो *अन्तःपुर*[4] की लज्जा और *आबरू*[5] पथिकों की करुणा के आगे आत्म-समर्पण करके निश्चिन्त हो गयी हो।

सड़क के किनारे एक पेड़ की छाया में खड़े होकर तर्करत्न ने पुकारा, "ओ रे, ओ गफूर, घर में है क्या?"

उसकी लगभग दस साल की लड़की ने दरवाजे के पास आकर कहा, "क्यों. ..बापू को तो बुखार आ गया है।"

---

1. चीख। 2. आग की लपट। 3. ऊपर की ओर उठती हुई गति।
4. घर का भीतरी भाग, जनान खाना। 5. इज्जत, सम्मान।

"बुखार! बुला हरामजादे को। पाखण्डी म्लेच्छ कहीं का!"

शोरगुल सुनकर गफ़ूर घर से निकलकर बुखार में काँपता बाहर आ खड़ा हुआ। फूटी दीवार से सटा हुआ एक पुराना बबूल का पेड़ है, उसकी डाल से एक बैल बँधा हुआ है। तर्करत्न ने उसकी तरफ इशारा करके कहा, "यह क्या हो रहा है, सुनूँ तो सही? यह हिन्दूओं का गाँव है, जमींदार ब्राह्मण हैं, सो भी कुछ होश है?"

उनका चेहरा गुस्से और धूप से लाल हो रहा था, इसलिए उस मुँह से गरम और तीखी बात ही निकलेगी, मगर कारण न समझ पाने से गफूर सिर्फ मुँह की तरफ़ देखता रहा।

तर्करत्न ने कहा, "सबेरे जाते समय देख गया था, बैल बँधा है और दोपहर को लौटते समय देख रहा हूँ कि ज्यों-का-त्यों बँधा हुआ है। गो-हत्या होने पर मालिक साहब तुझे जिन्दा गाड़ देंगे। वे ऐसे ब्राह्मण नहीं हैं!"

"क्या करूँ पण्डितजी महाराज! बड़ी लाचारी में पड़ गया हूँ। कई दिन से बुखार में पड़ा हूँ। पगहा पकड़कर थोड़ा-बहुत चरा लाता, सो होता नहीं, चक्कर खाकर गिर पड़ता हूँ।"

"तो खोल दे, आप ही चर आयेगा।"

"कहाँ छोड़ आऊँ पण्डितजी! लोगों के धान अभी सब झाड़े नहीं गये हैं, खलिहान में पड़े हुए हैं, पुआल भी अभी तक ज्यों-का-त्यों पड़ा है। और मैदान तो सब खुलकर सफाचट हो रहा है, कहीं भी मुट्ठी-भर घास नहीं। किसी के धान में मुँह मार दे, किसी का पुआल तहस-नहस कर डाले, कोई ठीक नहीं, छोड़ूँ तो कैसे छोड़ूँ महाराज?"

तर्करत्न ने जरा गरम होकर कहा, "नहीं छोड़ता तो कहीं छाँह में बाँधकर दो आँटी पुआल ही डाल दे, चबाया करेगा तब तक। तेरी लड़की ने भात नहीं राँधा? माँड-पानी दे दे, थोड़ा-सा पी लेगा।"

गफूर ने कुछ जवाब नहीं दिया। *निरुपाय*[1] की भाँति तर्करत्न के मुँह की तरफ देखता रहा, उसके मुँह से एक दीर्घ *निःश्वास*[2] निकल पड़ा।

तर्करत्न ने कहा, "सो भी नहीं है क्या? पुआल सब क्या कर दिया? हिस्से में जो कुछ मिला था, सो बेच-बूचकर 'पेटाय स्वाहा!' कर दिया। बैल के लिए भी थोड़ा-सा नहीं रखा, कसाई कहीं का?"

इस निष्ठुर अभियोग से गफूर की मानो ज़बान बन्द हो गयी। क्षण-भर बाद

---

1. बिना उपाय। 2. भीतर से निकली गरम साँस।

उसने आहिस्ता से कहा, "जो कुछ हिस्से में मिला था, सो मालिक साहब ने पिछले बकाया में रखवा लिया।" रो-बिलखकर हाथ-पाँव जोड़के कहा, "बाबू साहब हाकिम हैं आप, आपकी जमींदारी छोड़कर भाग थोड़े ही सकता हूँ। मुझे थोड़ा-सा पुआल दे दीजिए। छप्पर छाना है, एक कोठरी है, बाप-बेटी को रहना है, सो भी खैर, इस साल ताड़-पत्तों से गुजर कर लूँगा, लेकिन मेरा महेश भूखों मर जायेगा!"

तर्करत्न ने हँसकर कहा, "ओफ्-ओ! और आपने शौक से इसका नाम रख छोड़ा है महेश! हँसी आती है!"

मगर यह व्यंग्य गफूर के कानों में नहीं गया, वह कहने लगा, "लेकिन हाकिम की मेहरबानी नहीं हुई। दो महीने की खुराक लायक धान हम लोगों को दे दिया, लेकिन पुआल सब हिसाब में ले लिया, इस बेचारे को एक तिनका तक नहीं मिला..." यह कहते-कहते उसका गला भर आया, परन्तु तर्करत्न को उस पर दया नहीं आयी। बोले, "अच्छा आदमी है तू तो! पहले से ले रखा है, देगा नहीं? जमींदार क्या तुझे अपने घर से खिलायेगा? अरे, तुम लोग तो राम-राज्य में बसते हो। आखिर *कौम*[1] तो नीच ही ठहरी, इसी से बुराई करता फिरता है!"

गफूर ने लज्जित होकर कहा, "बुराई मैं क्यों करने लगा महाराज! उनकी बुराई हम लोग नहीं करते, लेकिन दूँ कहाँ से, बताइए? चार बीघे खेत हिस्से में जोतता हूँ, पर लगातार दो साल अकाल पड़ गया, खेत का धान खेत में सूख गया, बाप-बेटी दोनों को भर-पेट खाने को भी नहीं मिलता। घर की तरफ देखिए, बरखा होती है तो बिटिया को लेकर एक कोने में बैठकर रात बितानी पड़ती है, पैर फैलाकर सोने की भी जगह नहीं। महेश की तरफ देखिए, हड्डियाँ निकल आयी हैं। दे दीजिए महाराज! थोड़ा-सा पुआल उधार दे दीजिए, दो-चार दिन इसे भर-पेट खिला दूँ..." कहते-कहते ही वह धप्-से ब्राह्मण के पैरों के पास बैठ गया। तर्करत्न महाशय तीर की तरह दो कदम पीछे हटकर बोल उठे, "अरे, मरे छू लेगा क्या?"

"नहीं, महाराज, छुऊँगा क्यों? छुऊँगा नहीं। इस साल दे दीजिए महाराज! थोड़ा-सा पुआल दे दीजिए। आपके यहाँ चार-चार टालें लगी हुई हैं, उस दिन मैं देख आया हूँ, थोड़ा-सा देने से आपको कुछ कमी न होगी। बड़ा सीधा जीव है। मुँह से कुछ कह नहीं सकता, सिर्फ टुकर-टुकर देखता रहता है और आँखों से आँसू डालता रहता है।"

तर्करत्न ने कहा, "उधार तो ले लेगा, पर अदा कैसे करेगा सो तो बता।"

---

1. जाति।

गफूर ने आशान्वित होकर व्यग्र स्वर में कहा, "जैसे बनेगा, मैं चुका दूँगा महाराज जी, आपको धोखा न दूँगा।"

तर्करत्न महाशय ने मुँह से एक प्रकार का शब्द करके गफूर के व्याकुल कण्ठ का अनुकरण करते हुए कहा, "धोखा नहीं दूँगा, जैसे बनेगा चुका दूँगा! रसिक-नागर बन रहा है! चल-चल हट, रास्ता छोड़। घर जाना है, बहुत अबेर[1] हो गयी है।"

इतना कहकर मुस्कुराते हुए कदम बढ़ाया ही था कि अचानक डर से पीछे हटते हुए गुस्से में आकर कहने लगे, "अरे मरे, सींग हिलाकर मारने आ रहा है, सींग मारेगा?"

गफूर उठकर खड़ा हो गया। पण्डितजी के हाथ में फल-फूल और भीगे चावलों की पोटली थी, उसे दिखाते हुए गफूर ने कहा, "गन्ध मिल गयी है न उसे, इसी से कुछ खाने को माँगता है..."

"खाने को माँगता है? ठीक, जैसा खुद गँवार है, वैसा ही बैल है। पुआल तो नसीब नहीं होता, केले-चावल खाने को चाहिए! हटा-हटा, रास्ते से एक तरफ हटाकर बाँध। कैसे सींग हैं, किसी दिन किसी की जान न ले ले!" कहते हुए पण्डितजी एक तरफ से बचकर निकल गये।

गफूर उनकी दृष्टि हटाकर कुछ देर तक महेश की तरफ एकटक देखता रहा। उसकी गम्भीर काली आँखें वेदना और भूख से भरी थीं, उसने कहा, "तुझे मुट्ठी-भर दिया नहीं? उन लोगों के पास बहुत है, फिर भी देते नहीं किसी को। न दें..." कहते-कहते उसका गला रुँध आया और आँखों से टप-टप आँसू गिरने लगे। महेश के पास आकर वह चुपचाप उसके गले पर, माथे और पीठ पर हाथ फेरता हुआ चुपके-से कहने लगा, "महेश, तू मेरा लड़का है, तू हम लोगों को आठ साल तक खिलाता-पिलाता रहा है, अब बूढ़ा हो गया है, तुझे मैं भर-पेट खिला भी नहीं सकता, लेकिन तू तो जानता है कि तुझे मैं कितना चाहता हूँ।"

महेश ने इसके उत्तर में सिर्फ गरदन बढ़ाकर आराम से आँखें मींच लीं। गफूर अपने आँसू महेश की पीठ पर पोंछता हुआ उसी तरह अस्फुट[2] स्वर में कहने लगा, "जमींदार ने तेरे मुँह का कौर छीन लिया, मसान[3] के पास जो चरने की जगह थी, उसे भी पैसे के लोभ से ठेके पर उठा दिया। ऐसे अकाल में तुझे कैसे जिलाये रखूँ बता? छोड़ देने से तू दूसरों की टाल[4] पर मुँह मारेगा, लोगों के केले के पेड़ तोड़कर खा जायेगा। तेरे लिए मैं क्या करूँ। देह में अब तेरे ताकत भी नहीं, गाँव का कोई अब तुझे चाहता नहीं। लोग कहते हैं, अब तुझे

---

1. देर। 2. बड़बड़ाते। 3. श्मशान। 4. पुआल की ठेरी।

बेच देना चाहिए..." मन-ही-मन इन शब्दों के उच्चारण करते ही उसकी आँखों से टप-टप आँसू गिरने लगे। उन्हें हाथ से पोंछकर वह इधर-उधर देखने लगा, फिर फूटे घर के छप्पर से थोड़ा-सा पुराना मैला पुआल खींच लाया और उसे महेश के सामने रखकर धीरे-से कहने लगा, "ले, जल्दी से थोड़ा-बहुत खा ले, देर होने से... फिर..."

"बापू?"

"क्यों बिटिया?"

"आओ, भात खा जाओ।" कहती हुई अमीना घर से निकलकर दरवाजे पर आ खड़ी हुई। क्षण-भर देखकर उसने कहा, "महेश को फिर छप्पर का पुआल खिला रहे हो बापू?"

ठीक इसी बात का उसे डर था। लज्जित होकर बोला, "सड़ा-सड़ाया पुआल है बिटिया, अपने-आप झर-झरके गिर रहा था।"

"मैं भीतर से आवाज सुन रही थी बापू, तुम खींचके निकाल रहे थे?"

"नहीं बिटिया, ठीक खींचके नहीं निकाला..."

"लेकिन दीवार जो गिर जायेगी बापू..."

गफूर चुप रहा। सिर्फ एक कोठरी के सिवा और सब टूट-फूट गया है और इस तरह करने से अगली बरसात में वह भी नहीं टिक सकती, यह बात उससे ज्यादा और कौन जानता है! और इस तरह और कितने दिन कट सकते हैं।

लड़की ने कहा, "हाथ-पाँव धोकर भात खा जाओ बापू! मैं परोस चुकी हूँ।"

गफूर ने कहा, "माँड तो ज़रा दे जा बिटिया, महेश को पिलाकर बेफ़िकर होकर खाने बैठूँगा।"

"माँड तो आज नहीं रहा बापू, हँडिया में ही चिपक गया।"

"नहीं है?" गफूर चुप हो रहा। ऐसे कष्ट के दिनों में जरा भी कोई चीज बिगाड़ी नहीं जा सकती, इस बात को दस साल की लड़की भी समझ गयी है। हाथ-पाँव धोकर वह कोठरी के भीतर जाकर खड़ा हो गया। एक पीतल की थाली में पिता के लिए दाल-भात परोसकर बेटी अपने लिए एक मिट्टी की थाली में दाल-भात लिये बैठी है। देखकर गफूर ने धीरे-से कहा, "अमीना, मुझे तो फिर आज जाड़ा मालूम हो रहा है बिटिया! बुखार में खाना क्या ठीक होगा?"

अमीना ने उद्विग्न चेहरे से कहा, "मगर तब तो तुमने कहा था कि बड़ी भूख लग रही है।?"

"तब शायद बुखार नहीं था बेटी।"

"तो उठाके रख दूँ, शाम को खा लोगे?"

गफूर ने न जाने क्या सोच-विचारकर सहसा इस समस्या की *मीमाँसा¹* कर डाली बोला, "एक काम करो न बेटी, न हो तो महेश को खिला दो। रात को फिर मेरे लिए मुट्ठी-भर भात नहीं बना सकोगी अमीना?"

उत्तर में अमीना मुँह उठाकर क्षण-भर चुपचाप पिता के मुँह की ओर देखती रही, फिर सिर झुकाकर धीरे-से बोली, "हाँ, बना दूँगी बापू।"

गफूर का चेहरा *सूर्ख²* हो उठा। बाप और बेटी में यह जो थोड़ा-सा झूठ-मूठ का अभिनय हो गया, उसे इन दो प्राणियों के सिवा शायद और भी एक जन ने आसमान में रहकर देख लिया।

(2)

पाँच-सात दिन बाद, एक दिन बीमार गफूर चिन्तित चेहरे से अपने आँगन में बैठा था। उसका महेश कल से अभी तक लौटा ही नहीं। खुद वह कमजोर है, इसलिए अमीना उसे सबेरे से चारों तरफ ढूँढती फिर रही है। दिन छिपने से पहले उसने वापस आकर कहा, "सुना है बापू, मानिक बाबू ने महेश को थाने में भिजवा दिया है।"

गफूर ने कहा, "चल पगली!"

"हाँ बापू सच। उनके नौकर ने मुझसे कहा कि अपने बाप से जाके कह दे, दरियापुर के मवेशीखाने में ढूँढें जाकर।"

"क्या किया था उसने?"

"उनके बगीचे में घुसकर उसने पेड़-पौधे बरबाद कर दिये हैं।"

गफूर सन्न होकर बैठा रह गया। महेश के सम्बन्ध में उसने अनेक प्रकार की दुर्घटनाओं की कल्पना की थी, पर ऐसी आशंका उसे नहीं थी। वह जैसा निरीह है, वैसा ही गरीब, लिहाजा कोई पड़ोसी उसे उतनी बड़ी सजा दे सकता है, इस बात का डर उसे नहीं था। ख़ासकर मानिक घोष से तो उसे गऊ और ब्राह्मणों पर, जिसकी भक्ति अन्य गाँवों तक प्रसिद्ध है, ऐसी आशा नहीं थी।

लड़की ने कहा, "दिन तो छिप रहा है बापू, महेश को लाने नहीं जाओगे?"

गफूर ने कहा, "नहीं।"

"लेकिन उसने तो कहा है कि तीन दिन के भीतर नहीं छुड़ाने से पुलिसवाले उसे *गौहट्टी³* में बेच डालेंगे।"

---

1. व्याख्या। 2. लाल। 3. गायों का बाजार।

गफूर ने कहा, "बेच डालने दो।"

गौहट्टी क्या चीज है? अमीना इस बात को नहीं जानती थी, परन्तु महेश के सम्बन्ध में उसके उल्लेख होते ही उसका बाप कैसा विचलित हो उठता है, इस बात को उसने बहुत दफे[1] देखा था, परन्तु आज वह और कोई बात न कहकर चुपचाप धीरे-से चला गया।

रात को अन्धेरे में छिपकर गफूर बंशी की दुकान पर जाकर बोला, "चाचा, आज एक रुपया देना होगा।" कहते हुए उसने अपनी पीतल की थाली बंशी के बैठने के माचे के नीचे रख दी। इस चीज की तौल वगैरह से बंशी परिचित था। पिछले दो सालों में उसने इसे पाँच-छः दफे गिरवी रखकर एक-एक रुपया दिया है। इसलिए आज भी कोई आपत्ति नहीं की।

दूसरे दिन फिर महेश अपने स्थान पर बँधा दिखायी दिया। वही बबूल का पेड़, वह रस्सी, वही खूँटी, वही रीती नाँद, वही भूख से बेचैन काली आँखों की सजल उत्सुक दृष्टि। एक बूढ़ा-सा मुसलमान उसे अत्यन्त तीव्र दृष्टि से देख रहा था। पास ही एक किनारे दोनों घुटने मिलाये गफूर चुपचाप बैठा था। अच्छी तरह देख-भालकर उस बुड्ढे ने चादर के छोर में से एक दस रुपये का नोट निकालकर, उसकी तह खोलके, बार-बार उसे ठीक करते हुए गफूर के पास जाकर कहा, "अब मोल-तोल करके इसे भुनाऊँगा नहीं, यह लो, पूरे दस-के-दस दिये देता हूँ... लो।"

गफूर ने हाथ बढ़ाकर नोट ले लिया और उसी तरह चुपचाप बैठा रहा, पर जो आदमी बुड्ढे के साथ आये थे, उनके पगहा पर हाथ लगाते ही गफूर अकस्मात् उठकर *सतर*[2] खड़ा हो गया और *उद्धत*[3] स्वर में बोल उठा, "पगहा को हाथ मत लगाना, कहे देता हूँ... खबरदार, अच्छा न होगा!"

वे चौंक पड़े। बुड्ढे ने आश्चर्य के साथ कहा, "क्यों?"

गफूर ने उसी तरह गुस्से में जवाब दिया, "क्यों क्या, मेरी चीज़ है, मैं नहीं बेचता... मेरी खुशी!" इतना कहकर उसने नोट को अलग फेंक दिया।

उन लोगों ने कहा, "कल रास्ते में *बयाना*[4] जो ले आये थे?"

"यह लो, अपना बयाना वापस ले लो!" कहकर उसने अण्टी में से दो रुपया निकालकर झन्न से पटक दिये। एक झगड़ा उठ खड़ा होगा, इस खयाल से बूढ़े ने हँसकर धीरता के साथ कहा, "दबाव डालकर और दो रुपये ज्यादा लेना चाहते हो, यही तो? दे दो जी, जलपान के लिए उसकी लड़की के हाथ पर धर दो? दो रुपये। बस, यही तो?"

"नहीं।"

---

1. बार। 2. सीधा, तनकर। 3. ढीढ। 4. अग्रिम धन, एडवांस।

"मगर इससे ज्यादा कोई एक धेला थी नहीं देगा, मालूम है?"

गफूर ने ज़ोर से सिर हिलाकर कहा, "नहीं।"

बुड्ढे ने नाराज़ होकर कहा, "तो क्या चमड़े की ही तो क़ीमत मिलेगी। नहीं तो, माल इसमें क्या है?"

"तौबा! तौबा!" गफूर के मुँह से अचानक एक भद्दी कड़वी बात निकल गयी और दूसरे ही क्षण वह अपनी कोठरी में जाकर चिल्ला-चिल्ला के धमकी देने लगा कि अगर वे जल्दी से गाँव के बाहर नहीं चले गये, तो जमींदार के आदमियों को बुलवाकर जूते मारकर निकलवा दूँगा।

शोरगुल सुनकर लोग इकट्ठे हो गये, मगर इतने में जमींदार के यहाँ से उनका बुलावा आ गया। बात मालिक साहब तक पहुँच गयी थी।

कचहरी में उस समय भले-बुरे, ऊँच-नीच सभी तरह के आदमी बैठे थे। शिवशंकर बाबू ने आँखें तरेरकर कहा, "गफूरा! तुझे क्या सज़ा दी जाये, कुछ समझ में नहीं आता। किसकी जमींदारी में रहता है, जानता है?"

गफूर ने हाथ जोड़कर कहा, "जानता हूँ। हम लोग खाने बिना मर रहे हैं हुजूर, नहीं तो आज आप जो कुछ जुरमाना करते, मैं 'ना' नहीं करता।"

सभी चकित हो गये। इस आदमी को वे ज़िद्दी और बदमिजाज ही समझते आ रहे थे। गफूर ने रुँधे हुए गले से कहा, "ऐसा काम अब कभी न करूँगा मालिक साहब।"

इतना कहकर उसने खुद ही दोनों हाथें से अपना कान पकड़ा और आँगन में एक तरफ से नाक रगड़कर वह खड़ा हो गया।

शिवशंकर बाबू ने *सदय*[1] कण्ठ से कहा, "अच्छा, जा जा, हो गया, जा। अब कभी ऐसा मत करना।"

बात सुनकर सबके रोयें खड़े हो गये और इस विषय में किसी को रंचमात्र भी सन्देह न रह गया कि ऐसा महापातक होते-होते जो रुक गया, वह सिर्फ मालिक साहब के पुण्य के प्रभाव से और शासन के जोर से। तर्करत्न महाशय भी उपस्थित थे। उन्होंने 'गो'-शब्द की शास्त्रीय व्याख्या की और ऐसी धर्मज्ञान शून्य म्लेच्छ जाति को गाँव के आस-पास कहीं भी क्यों नहीं बसने देना चाहिए, इस बात को प्रकट करके लोगों के ज्ञान-नेत्र खोल दिये!

गफूर ने किसी बात का जवाब नहीं दिया, बल्कि उसने इस अपमान और तिरस्कार को सही समझकर सिर-साथे ले लिया तथा वह प्रसन्नचित घर चला गया। उसने पड़ोसी के घर से माँड माँगकर महेश को पिलाया और उसकी देह, सिर और सींगों पर बार-बार हाथ फेरकर अस्फुट स्वर में न जाने क्या-क्या कहता रहा।

---

1. दयापूर्ण।

जेठ ख़तम हो चला। रुद्र की जिस मूर्ति ने एक दिन बैसाख के अन्त में आत्मप्रकाश किया था, वह कितनी भीषण और कितनी बड़ी कठोर हो सकती है, इस बात का अनुभव आज के आकाश की तरफ़ बग़ैर देखे किया ही नहीं जा सकता। कहीं भी ज़रा-सा करुणा का आभास तक नहीं। कभी इस रूप का लेश-मात्र परिवर्तन हो सकता है और किसी दिन यह आकाश बदलियों से घिरकर सजल दिखायी दे सकता है, इस बात की आज कल्पना करते भी डर लगता है। सारे आसमान से जो जलती हुई आग-सी लगातार ख़ाक किये बग़ैर वह नहीं रुकने की।

ऐसे दिन में ठीक दोपहर के वक़्त गफूर घर लौटा। दूसरे के दरवाजे पर मजूरी करने की उसको आदत नहीं और अभी बुख़ार को छूटे भी चार-पाँच दिन ही हुए हैं। शरीर कमज़ोर है, थका हुआ। फिर भी आज वह काम की तलाश में निकला था। मगर ऐसी तेज धूप में चलने के सिवा और कुछ उसके हाथ नहीं आया। भूख, प्यास और थकान के मारे उसे आँखों के आगे अन्धेरा दिखायी दे रहा था। आँगन में खड़े होकर उसने आवाज दी, "अमीना, भात हो गया री?"

लड़की कोठरी में से आहिस्ता से निकलकर चुपचाप खूँटी के सहारे खड़ी हो गयी।

जवाब न पाकर गफूर चिल्लाकर बोल उठा, "हुआ भात? क्या कहा? नहीं हुआ। क्यों नहीं हुआ, बता?"

"चावल नहीं हैं बापू।"

"चावल नहीं हैं? सबेरे क्यों नहीं कहा मुझसे?"

"रात को तो कहा था!"

गफूर ने मुँह बनाकर उसके स्वर की नकल करते हुए कहा, "रात को तो कहा था। रात को कहने से किसी को याद रहती है?" कर्कश कण्ठ से उसका क्रोध दूना बढ़ गया। वह चेहरे को अधिकतर विकृत करके कहने लगा, "चावल रहेगा कहाँ से। बीमार बाप खाये चाहे न खाये, धींगड़ी लड़की को चार-चार, पाँच-पाँच दफ़े *गटकने*[1] को चाहिए। आज से चावल मैं ताले में बन्द करके रखूँगा। ला, एक लोटा पानी दे, मारे प्यास के छाती फटी जाती है। कह दे, पानी भी नहीं है!"

अमीना उसी तरह सिर झुकाये खड़ी रही। कुछ देर बाद गफूर जब समझ गया कि घर में पीने का पानी तक नहीं, तब तो वह अपने को सम्हाल न सका। उसने चट् से पास जाकर उसके गाल पर तड़-से एक तमाचा जड़ दिया और कहा, "कलमुँहीं, हरामजादी लड़की, दिन-भर तू किया क्या करती है? इतने लोग मरते हैं, तू क्यों नहीं मरती?"

---

1. खाने, निगलने।

लड़की ने कुछ जवाब नहीं दिया, मिट्टी की गागर उठाकर ऐसी कड़ाके की धूप में ही आँखें पोंछती हुई चुपचाप चल दी। मगर उसके आँख से ओझल होते ही गफूर की छाती में शूल-सा चुभने लगा। बगैर माँ की इस लड़की को उसने किस तरह पाल-पोसकर बड़ा किया है, सो वही जानता है।

वह सोचने लगा, उसकी इस *स्नेहमयी*[1] *कार्य-परायणा*[2] शान्त लड़की का कोई दोष नहीं है। खेत का जो थोड़ा-सा अनाज था, उसके निबट जाने के बाद से उसे दोनों समय भर-पेट खाने को भी नहीं मिलता। किसी दिन एक समय खाकर रह जाती है और किसी दिन वह भी नसीब नहीं होता। दिन में चार-चार, पाँच-पाँच बार खाने की बात जितनी असम्भव है, उतनी ही झूठ। और घर में पानी न रहने का कारण भी उससे छिपा न था। गाँव में जो दो-तीन तालाब हैं, वे बिलकुल सूख गये हैं। शिवचरण बाबू के पिछवाड़े के पोखर में जो थोड़ा-बहुत पानी है भी, वह सबको मिलता नहीं। और-और तालाबों में एक-आध जगह गड्ढा खोदकर जो कुछ पानी इकठ्ठा होता है, उसके लिए छीना-झपटी मच जाती है और वहाँ भीड़ भी बहुत रहती है। मुसलमान होने से वह उनके पास भी नहीं जा सकती। घण्टों दूर खड़ी रहने के बाद, बहुत मिन्नत करने पर कोई दया करके उसके बरतन में डाल दे, तो वह घर लाये। इस बात को वह जानता था। हो सकता है कि आज पानी न रहा हो, या छीना-झपटी के बीच किसी को लड़की पर कृपा करने का अवसर ही न मिला हो, ऐसी ही कोई बात हो गयी होगी, यह समझकर उसकी आँखों में आँसू भर आये।

इतने में जमींदार का पियादा यमदूत की तरह आँगन में आ खड़ा हुआ बोला, "गफूरा, घर में है क्या?"

गफूर ने तीखे स्वर में उत्तर दिया, "हूँ, क्यों क्या है?

"बाबू साहब बुला रहें, चल!"

गफूर ने कहा, "अभी मैंने खाया-पिया नहीं, पीछे जाऊँगा।"

इतना जबरदस्त हौसला पियादे से सहा नहीं गया। उसने एक भद्दा सम्बोधन करके कहा, "बाबू का हुक्म है, जूता मारते-मारते घसीटकर ले आने का।"

गफूर दूसरी बार अपने को भूल गया। उसने भी एक कटु शब्द का उच्चारण करते हुए कहा, "महारानी के राज्य में कोई किसी का गुलाम नहीं है। लगान देकर रहता हूँ, मुफ्त में नहीं! मैं नहीं आता।"

मगर संसार में इतने छोटे के लिए बड़े की दुहाई देना सिर्फ व्यर्थ ही नहीं, बल्कि विपत्ति का भी कारण है। यह तो खैर हुई कि इतना क्षीण कण्ठ उतने बड़े कानों तक पहुँचा नहीं... नहीं तो उनके मुँह का अन्न और आँखों की नींद ही जाती रहती।

---

1. स्नेह से पूर्ण। 2. कार्य करने के प्रति निष्ठावान।

इसके बाद क्या हुआ, विस्तार से कहने की ज़रूरत नहीं, लेकिन घण्टे-भर बाद जब वह जमींदार के सदर से लौटकर घर आया, तो चुपचाप पड़ा रहा। तब उसका चेहरा और आँखें सब फूल रही थीं। उसकी सजा का प्रधान कारण है- महेश। उसके घर से बाहर निकलने के बाद ही वह *पगहा*[1] तोड़कर भाग खड़ा हुआ और जमींदार के सहन में जाकर उसने फूलों के सारे पौधे नष्ट कर डाले। अन्त में पकड़ने की कोशिश की गयी, तो वह बाबू साहब की छोटी लड़की को पटककर भाग गया। ऐसी घटना यह पहले-पहल हुई हो, सो बात नहीं, इसके पहले भी हुई है, पर गरीब होने से उसे माफ़ कर दिया जाता था, परन्तु प्रजा होकर उसका यह कह देना कि वह लगान देकर रहता है और किसी का गुलाम नहीं, जमींदार से किसी भी तरह सहा नहीं गया। वहाँ उसने पिटने और बेइज्जत होने का तनिक भी प्रतिवाद नहीं किया। सबकुछ मुँह बन्द करके सह लिया और घर आकर भी उसी तरह मुँह बन्द करके पड़ा रहा। भूख-प्यास की बात उसे याद नहीं रही, लेकिन छाती के भीतर मानो आग-सी जलने लगी। इस तरह कितनी देर बीत गयी, उसे कुछ होश नहीं, परन्तु आँगन से सहसा अपनी लड़की की कराह कान में पड़ते ही वह तड़ाक् से उठके खड़ा हो गया और लपका। बाहर जाकर देखता क्या है कि अमीना जमीन पर पड़ी है, उसकी फूटी गागर से पानी झर रहा है और महेश मिट्टी पर मुँह लगाये मानो मरुभूमि की तरह पानी सोख-सोखकर पी रहा है। आँखों की पलकें नहीं गिरीं, गफूर का होश-हवास जाता रहा। मरम्मत के लिए कल उसने अपने हल का सिरा खोल रखा था, उसी को दोनों हाथों से उठाकर उसने महेश के झुके हुए माथे पर जोर से दे मारा।

एक बार, सिर्फ एक बार महेश ने मुँह उठाने की कोशिश की, उसके बाद उसका भूखा-प्यासा कमजोर शरीर जमीन पर लुढ़क पड़ा और कान से थोड़ा-सा खून बह निकला। दो-तीन बार सारा शरीर थरथराकर काँप उठा, फिर सामने और पीछे के पैर जहाँ तक तन सकते थे, तन्नाकर महेश ने अन्तिम साँस छोड़ दी।

अमीना रो उठी, बोली, "यह क्या किया बापू? अपना महेश तो मर गया।"

गफूर टस-से-मस न हुआ, न कुछ जवाब दिया, सिर्फ एकटक दृष्टि से सामने पड़े हुए महेश की पथराई गहरी काली आँखों की तरफ देखता हुआ पत्थर की तरह निश्चल खड़ा रहा।

दो घण्टे के भीतर खबर पाकर, दूसरे गाँव के मोची आ जुटे और महेश

---

1. गले की रस्सी।

को बाँस में बाँधकर बीहड़ की तरफ ले चले। उनके हाथों में पैने चमकते हुए छुरे देखकर गफूर सिहर उठा, चट्-से उसने आँखें मींच लीं, उसके मुँह से एक शब्द तक नहीं निकला।

मोहल्ले के लोग कहने लगे, "तर्करत्न जी से व्यवस्था लेने के लिए जमींदार ने आदमी भेजा। प्रायश्चित का खर्च जुटाने में अब तेरा घर-द्वार तक बिक जायेगा!"

गफूर ने इन सब बातों का कोई जवाब नहीं दिया। वह घुटनों पर मुँह रखकर चुपचाप बैठा रहा।

बहुत रात बीते, गफूर ने लड़की को जगाकर कहा, "अमीना! चल हम लोग चलें यहाँ से..."

वह बरामदे में सो रही थी, आँखें मलती हुई उठकर बैठ गयी बोली, "कहाँ बापू?"

गफूर ने कहा, "फुलवाड़ी की जूट मिल में काम करने।"

लड़की आश्चर्य में पड़ गयी और बाप का मुँह ताकने लगी। इसके पहले बड़े-से-बड़े दुख में भी उसका बाप जूट मिल में काम करने को राज़ी न हुआ था। कह दिया करता था कि वहाँ धरम नहीं रहता, लड़कियों की इज्जत-आबरू नहीं रहती आदि।

गफूर ने कहा, "अब देरी मत कर बिटिया। बहुत दूर पैदल चलना है।"

अमीना पानी पीने का लोटा और पिता के खाने की पीतल की थाली साथ में ले रही थी, पर गफूर ने मना कर दिया, "ये सब रहने दे बिटिया, इनसे अपने महेश का *पिरासचित*[1] होगा।"

अन्धकारमय गहरे सन्नाटे में गफूर लड़की का हाथ पकड़कर घर से निकल पड़ा। गाँव में उसका कोई *आत्मीय*[2] नहीं था, लिहाज़ा किसी से कुछ कहने-सुनने की ज़रूरत नहीं थी। आँगन पार होकर रास्ते के किनारे उस बबूल के पेड़ के नीचे पहुँचते ही वह ठिठककर खड़ा हो गया और फूट-फूटकर रोने लगा। तारों से जड़े काले आसमान की तरफ मुँह उठाकर कहने लगा, "अल्लाह! मेरा महेश प्यासा मर गया। उसके चरने-खाने तक को किसी ने जमीन नहीं दी। मुझे जितनी चाहे सज़ा दे लो, मगर जिसने तुम्हारी दी हुई घास और तुम्हारा दिया हुआ पानी उसे पीने नहीं दिया, उसका कसूर तुम कभी माफ़ मत करना।"

---

1. प्रायश्चित। 2. अपना सगा।

शिक्षा

क्रोध अनर्थ की जड़ है, उससे बचो।

सन्देश

➤ दरिद्रता अनेक दुखों और समस्याओं की माँ है।

➤ पाखण्डी लोग दूसरे धर्म वालों पर अनेक लांछन लगाते हैं, खुद वे अपना चरित्र को नहीं देखते।

➤ मनुष्य का सबसे बड़ा पाप उसकी गरीबी ही है।

विभूतिभूषण बन्द्योपाध्याय

जन्मः 12 सितम्बर 1894
मृत्युः 1 नवम्बर 1950

विभूतिभूषण बन्द्योपाध्याय का जन्म बंगाल के काँचड़ा पाड़ा गाँव में हुआ था। उनके पिता का नाम महानन्द बन्द्योपाध्याय और माता का नाम मृणालिनी था। पाँच भाई-बहनों में वे सबसे बड़े थे। बन्द्योपाध्याय परिवार पहले बशीर हाट के पास पानितर नामक ग्राम का मूल निवासी था। इनकी पारिवारिक वृत्ति वैद्यगिरी थी। विभूतिभूषण के परदादा भी वैद्य थे और इसी काम से वे बनगाँ-बाराकपुर आये थे।

रोगियों की चिकित्सा के लिए वैद्यजी को यह गाँव रुच गया और वे यहीं बस गये। यहाँ आकर विभूतिभूषण के पिता महानन्द वैद्य का धन्धा न अपनाकर काशी गये और शास्त्री बनकर लौटे तथा उन्होंने कथावाचक का व्यवसाय अपनाया। उनको कथा-वाचन के लिए बुलावे आते और विभूतिभूषण भी उनके साथ हो लेते। किन्तु उनकी आर्थिक स्थिति ठीक नहीं थी।

पाँच वर्ष की आयु में गाँव की पाठशाला में विभूतिभूषण की शिक्षा आरम्भ

हुई, किन्तु कथावाचक पिता के साथ उन्हें भी विभिन्न स्थानों पर जाना पड़ा। 14 वर्ष की अवस्था में वे बनगाँ हाईस्कूल में पाँचवीं कक्षा में भरती हुए। प्रतिदिन छः मील की पैदल यात्रा करके विद्यालय में जाना पड़ता था। 1914 ई. में विभूतिभूषण मैट्रिक परीक्षा प्रथम श्रेणी में उत्तीर्ण हुए।

इसी प्रकार 1916 में आई. ए. की परीक्षा भी प्रथम श्रेणी में ही उर्त्तीण हुए तथा 1918 में बी. ए. की परीक्षा समाप्त होने पर अपनी पत्नी गौरादेवी के साथ बराकपुर गाँव लौटे।

दुर्भाग्यवश उनकी पत्नी का निधन 1925 ई. में हो गया। इसी प्रकार जिन्दगी के अनेक उतार-चढ़ाव झेलते हुए 5 अप्रैल 1930 को उनका रवीन्द्रनाथ टैगोर से प्रथम परिचय हुआ। 29 अक्टूबर 1950 को भोजन करते समय विभूतिभूषण अचानक अस्वस्थ हो गये। उसी अवस्था में उन्हें घाटशिला लाया गया और तीन दिन पश्चात् यानी 1 नवम्बर 1950 को परलोक सिधार गये।

बंकिमचन्द्र, रवीन्द्रनाथ और शरत् चन्द्र के बाद की पीढ़ी के बँगला साहित्यकार के रूप में विभूतिभूषण सर्वाधिक महत्त्वपूर्ण हस्ताक्षर हैं। स्वच्छन्दतावादी धारा के अनन्य कथाकार के रूप में अपनी कृतियों में ग्राम-समाज के शोषण एवं हाहाकार, स्वभाव और अभाव का जैसा प्रामाणिक एवं मार्मिक चित्रण इन्होंने किया, अत्यन्त दुर्लभ है। 'पथेर पांचाली और अपराजिता जैसी कृतियाँ उनकी प्रसिद्धि के महत्त्वपूर्ण शिखर हैं। इसी प्रकार कथा-साहित्य में भी वे बेजोड़ हैं। प्रस्तुत संग्रह में उनकी दो कहानियाँ दी जा रही हैं, जो उनकी रचनाधर्मिता की प्रमाण है।

3

चावल

विभूतिभूषण बन्धोपाध्याय का जन्म एक गरीब ग्रामीण परिवार में हुआ। प्रारम्भिक शिक्षा गाँव में ही प्राप्त की। मानवीय मूल्यों, शोषितों के प्रति सहानुभूति और गरीबी का सजीव चित्रण करने के लिए विख्यात विभूतिभूषण ने अपनी रचनाओं द्वारा एक बड़ा पाठक वर्ग तैयार किया। वे सभी आयु वर्ग और पीढ़ी के लिए एक सर्वमान्य लेखक के रूप में समादरित हुए।

यह मानभूमि के *ढूहोंवाली*[1] जंगली जगह थी। थोड़ी दूर पर एक *विराट*[2] पर्वतश्रेणी जाने कहाँ तक चली गयी थी? बसन्त के आखिरी दिन थे। पलाश के फूलों से सारा जंगल खिल उठा था। *नाकटिटाँड़*[3] के एक ऊँचे टीले से मैं जितनी दूर देख पाता था सिर्फ लाल पलाश के जंगल ही नजर आते थे, जो नीली पर्वतश्रेणी की गोद तक चले गये थे।

यहाँ मैं एक काम से जंगल देखने आया था। यहाँ से निकट ही सड़क के किनारे पलाशवन के आख़िरी छोर के डाक बँगले में मैं ठहरा था। जंगल की लकड़ियों से होने वाली आय का अनुमान लगाने के लिए मैं घूमता रहता था। एक दिन शाम ढलने से पहले मैं नाकटिटाँड़ के जंगल से लौट रहा था। मैंने देखा कि रास्ते के किनारे एक हर्र के पेड़ के नीचे बैठकर एक आदमी और एक छोटी बच्ची अपनी पोटली खोलकर कुछ खा रहे थे। इस निर्जन जगह, जहाँ चारों तरफ़ कोई नहीं था, शाम ढलने ही वाली थी और सामने बाघमुत्ती का जंगली रास्ता था, ऐसे वक़्त उस आदमी को देखकर मुझे उसके बारे में जानने का कौतूहल हुआ। इसलिए मैं उधर ही चला गया।

उस आदमी का चेहरा देखकर उसकी उम्र के बारे में अनुमान लगाना मुश्किल था। उसके सिर के बाल अधपके थे। उसकी पोटली में दो फटे कपड़े, एक कथरी और लगभग दो सेर मक्का तथा चाय या बिस्कुट का एक ख़ाली टिन था। शायद वही हर तरह के बर्तनों का अभाव पूरा कर रहा था। वह बच्ची चार या पाँच साल की रही होगी। वह एक गन्दा फटा कपड़ा पहने थी। उसकी कमर में एक काला डोरा बँधा था।

---

1. मिट्टी के टीले वाली। 2. बड़े आकार। 3. एक स्थान का नाम।

मैंने पूछा, "तुम लोग कहाँ जाओगे, तुम्हारा घर कहाँ है?"

उस आदमी ने मानभूमि वाली भाषा में कहाँ, "तोड़ाँग में बाबू...! थोड़ी आग होगी?"

"दियासलाई? रुको देता हूँ...। तोड़ाँग यहाँ से कितनी दूर है?"

"यहाँ से थोड़ी दूर है। पाँच कोस होगा।"

"इस वक़्त शाम को कहाँ से आ रहे हो?"

"यहीं... पुरुलिया से...। ज़रा आग दो बाबू। देह बेहद टूट रही है। यह लड़की जब दो माह की थी, इसकी माँ मर गयी थी। इस लड़की को अकेला छोड़कर जंगल में लकड़ी काटने नहीं जा सकता था, इसलिए पुरुलिया चला गया था। दो साल वहाँ भीख माँगते हुए बीते।"

उस आदमी के कहने के लहज़े ने मुझे उसकी तरफ़ *आकृष्ट*[1] किया। डाक बँगले में इस वक़्त लौटकर करना भी क्या था! वहाँ भी कोई संगी-साथी नहीं था। इससे तो बेहतर था कि इससे ही थोड़ी देर बात करता। नज़दीक ही एक बड़ा पत्थर पड़ा था। उस पर बैठकर मैंने उसे एक बीड़ी दी। एक बीड़ी ख़ुद भी सुलगायी। उस आदमी का घर यहाँ से शायद पाँच-छः कोस दूर एक छोटे-से जंगली गाँव में था, जो बाघमुत्ती और झालदा पर्वतश्रेणी तथा जंगल के बीच किसी एकान्त *छायागहन*[2] तराई में पलाश, महुआ, बरगद वग़ैरह पेड़ों के नीचे बसा होगा। उस आदमी के दो बच्चे पैदा होकर मर जाने के बाद यह लड़की हुई थी। जब वह दो माह की थी, तब उसकी माँ भी मर गयी। वह आदमी जंगल की लकड़ियाँ काटकर गाँव के दूसरे लोगों की तरह चन्दनकियारी के हाट में बेचता था। लेकिन अब उसके पीछे घर में उस दो माह की लड़की को कौन देखता? उसे साथ लेकर ऊँचे पहाड़ पर धूप और वर्षा में वह किस तरह लकड़ियाँ काटता? इसलिए घर में ताला लगाकर वह रोज़गार की तलाश में पुरुलिया शहर चला गया था।

मैंने पूछा, "लकड़ियाँ बेचकर कितने पैसे मिल जाते होंगे?"

उसने बीड़ी का कश लेकर कहा, "एक गट्ठर के लिए तीन-चार आने मिलते थे। जंगल का टैक्स दो पैसे लगता था। चावल सस्ता था। दो लोगों का पेट किसी तरह भर जाता था। फिर यह लड़की पैदा हुई। इसके पैदा होने के बाद इसकी माँ मर गयी। उस वक़्त इस नन्हीं-सी जान को छोड़कर जंगल में जाने का मन नहीं हुआ। सोचा पुरुलिया चला जाऊँ। बड़ा शहर है। दो लोगों के खाने भर का इन्तज़ाम तो हो ही जायेगा।"

"क्या पुरुलिया बड़ा शहर है?"

---

1. आकर्षित 2. गहरी छाया।

"हाँ बाबू, दो साल तक उस शहर के ओर-छोर का ही मुझे पता नहीं चला। बहुत बड़ा शहर है बाबू!" मैंने उसे एक और बीड़ी पीने के लिए दी। हमारी बातों का सिलसिला जम गया था। मैंने इसके बाद पूछा, "फिर?"

इसके बाद वह पुरुलिया में कैसे पहुँचा, उसने इसकी कहानी बतायी। उसके पड़ोसी गाँव का एक आदमी पुरुलिया शहर में कोई काम करता था, उसका पता ढूँढ़ने में पूरा दिन लग गया। ढूँढ़ते-ढूँढ़ते शाम हो गयी। तब वह एक अमीर आदमी के घर के फाटक पर अपनी लड़की का हाथ पकड़कर भीख माँगने खड़ा हो गया। भीख में उसे दो पैसे मिले। दो पैसे का चना ख़रीदकर खाने के बाद बाप-बेटी एक पेड़ के नीचे रात बिताने के लिए लेट गये। मगर पुलिस ने वहाँ उन्हें सोने नहीं दिया। आधी रात को आकर लालटेन की रोशनी उनके चेहरे पर डालते हुए उसने कहा, "यह सोने की जगह नहीं है।" इसके दूसरे दिन उस परिचित आदमी के ठिकाने का पता चला। वहाँ पहुँचकर देखा कि वह अपने गाँव में अपने बारे में जितनी डींग हाँकता था, वह उतना बड़ा नहीं था। एक मामूली से दो कमरे के घर में वह अपनी बीवी के साथ रहता था। वह अपने सिर पर तम्बाकू की पिण्डी रखकर फेरी लगाकर बेचता था। कभी मिट्टी के घड़े थोक भाव में ख़रीदकर उनकी फेरी लगाता। यही सब छोटे-मोटे धन्धे वह करता था। हालाँकि उसने अपने बारे में गाँव में कह रखा था कि वह किसी बड़े साहब का *अर्दली*[1] है।

ख़ैर काफ़ी *अनुनय-विनय*[2] करने पर उसने रहने के लिए थोड़ी-सी जगह दे दी। घर के बाहर चबूतरे के एक कोने में उसने रहने के लिए जगह तो दे दी, मगर अपने खाने-पीने के लिए इन्तज़ाम के बारे में उसने कह दिया कि उसे ख़ुद ही करना पड़ेगा। दो साल जैसे-तैसे उसके यहाँ बीते। इसके बाद अकाल पड़ गया। चावल महँगा हो गया। शहर में चावल की क़ीमत बढ़कर अठारह रुपये मन (37½ किलो) हो गयी। अब लोग भीख देने में भी आनाकानी करने लगे थे। तब भी शायद किसी तरह दिन बीत जाते, मगर जिनके यहाँ वह रह रहा था, अब वे लोग उसे परेशान करने लगे। वे लोग नहीं चाहते थे कि वह वहाँ रहे। कहा, "हमारे रिश्तेदार आयेंगे, यह घर छोड़ दो।" रोज़ की खिचखिच से परेशान होकर आख़िर वे दोनों तीन दिन हुए शहर छोड़कर अपने गाँव तोड़ाँग जाने के लिए रवाना हुए।

वह लड़की ख़ाली बिस्कुट के टीन से बाजा बजा रही थी।

उसकी तरफ़ बड़ी ममता से देखकर उस आदमी ने कहा, "इसका नाम मैंने खुपी रखा है।"

---

1. चपरासी। 2. मिन्नत, निवेदन।

मैंने पिता के मन को खुश करने के लिए कहा, "खुपी! बड़ा प्यारा नाम है।"

पिता ने गर्व से भरकर कहा, "जी हाँ, खुपी!" इसके बाद उसने कहा "बाबू, तमाखू ख़रीदने के लिए दो पैसे देंगे?"

मैं थोड़े-से पैसे लेकर ही बाहर निकला था। इस जंगल में पैसे की ज़रूरत ही क्या थी? उसे मैं सिर्फ दो पैसे ही दे सका। खुपी ने न जाने अपने बाप से क्या कहा? फिर वह उसे अपने कन्धे पर बैठाकर रवाना हो गया। मैं उसे जाते हुए देखता रहा।

आगे रास्ता जहाँ पर ऊँचा हो गया था, वहाँ से उसके बाद का दृश्य नज़र नहीं आता था। वह आदमी उस जगह पहुँचकर अपनी बेटी को कन्धे पर बिठाये बग़ल में अपनी पोटली दबाये आगे जाता हुआ नज़र आया। उसी तरफ़ पश्चिमी आकाश पर सूरज डूब रहा था। रंगीन आसमान के पटल पर वह आदमी किसी तस्वीर की तरह ही लग रहा था। मैं पहले ही बता चुका हूँ कि वहाँ सड़क ऊँची हो जाने के कारण उससे आगे का कोई दृश्य नज़र नहीं आता था। वह सड़क वहाँ पर चक्रवात रेखा की तरह नज़र आ रही थी।

मैंने मन-ही-मन सोचा, उसके लिए न कहीं अन्न है, न रहने का ठिकाना। पाँच साल की अपनी बेटी को वह कितनी ममता से अपने कन्धे पर बिठाकर अपने गाँव लिये जा रहा था। इस दुर्दिन में वहाँ भी क्या उसे दो वक़्त का खाना नसीब होगा? जबकि वह पुरुलिया शहर में रहकर नहीं जुटा पाया। वह किस व्यर्थ आशा के फेर में पड़कर अपनी बेटी को साथ लेकर अपने गाँव जा रहा था? इधर जब मैं सब सोच रहा था, तब तक वह आदमी मेरी आँखों से ओझल हो चुका था।

यह बात पिछले महीने की थी। उस वक़्त भी चावल सोलह रुपये, अठारह रुपये मन था। इसके बाद वह बढ़कर बत्तीस रुपये, चालीस रुपये मन हो गया। ऐसे समय किसी काम के सिलसिले में मुझे बिहार से बाँगलादेश-पूर्वी बंगाल के कोमिल्ला ज़िले में जाना पड़ा। लोगों को इतने कष्ट में मैंने इसके पहले कभी नहीं देखा था-अपनी आँखों से देखे बिना यक़ीन करना मुश्किल था।

जिस रिश्तेदार के घर में मैं ठहरा था, उनके घर में शाम से लेकर काफ़ी रात तक कमज़ोर, भूखे, कंकाल-जैसे बच्चे-बूढ़े और अधेड़ आकर अपने टूटे-फूटे कटोरे ऊपर उठाकर, उसे दिखाकर भीख माँगते थे। कहते थे, "थोड़ा-सा *माँड़*[1]!" भूख की न जाने कितनी मर्मभेदी कहानियाँ मैं कोमिल्ला से लौटते हुए रास्तेभर, यहाँ तक कि स्टीमर और गाड़ी में भी सुनता हुआ आया।

---

1. चावल पकने पर उसका निकाला गया गाढ़ा पानी।

बिहार में आकर देखा, यहाँ भी वही हाल था। बहेरोगोड़ा स्कूल की बोर्डिंग की नाली से भात का जो माँड़ निकलता था, उसे लेने के लिए भूखे बच्चे हाथ में कटोरे लेकर दोनों वक़्त बैठे रहते थे। उसी के लिए कितनी छीना-झपटी मची रहती थी।

हेडमास्टर ने मुझे बताया, "इस गाँव के डोम और कहारों के बच्चे भात के माँड़ के लिए ही पड़े रहते हैं। आँख खुलते ही वे चले आते हैं, फिर रात नौ बजे तक यहीं बैठे रहते हैं। थोड़े-से भात के लिए वे कुत्तों तक से छीना-झपटी करते हैं।"

मैं पुरुलिया से आद्रा जा रहा था। प्लेटफार्म पर खाने की दुकान से खाना खाकर लोगों ने जहाँ पर पत्तल फेके थे, उन्हीं पत्तलों को नंग-धड़ंग, हड्डियों के ढाँचेवाले छोटे-छोटे बच्चे चाट रहे थे, हालाँकि उन पत्तलों में कुछ रहता नहीं था। वे क्या चाटते रहते थे, इसे वे ही जानते होंगे।

ऐसी हालत में भादो के अन्त में मैं एक ऐसी जगह पहुँचा, जहाँ पर काफ़ी लोग एक बड़े ठेकेदार के अधीन डाइनामाइट से पत्थर तोड़ने के काम में लगे हुए थे। जंगलों से ये लोग पत्थर तोड़कर टाटानगर भेजते थे। स्थानीय जमींदार से नया ठेका लेकर उस पत्थर खदान में काम चल रहा था।

एक दिन वहाँ के छोटे-से डाक्टर के दवाखाने के सामने भीड़ देखकर मैं उधर चला गया। दवाखाने के सँकरे बरामदे में एक मजदूर लेटा हुआ था। उसकी पीठ पर पट्टी बँधी थी। घाव से बहता हुआ खून सीमेण्ट का फर्श भिगो रहा था।

मैंने पूछा, "इसे क्या हो गया?"

डाक्टर बाबू ने कहा, "इस तरह की दुर्घटना महीने में एकाध बार हो ही जाती है। बारूद से विस्फोट करते वक़्त एक पत्थर के टुकड़े की चपेट से इसकी रीढ़ की हड्डी चकनाचूर हो गयी है। मैंने टाँका लगा दिया है। अब इसे टाटानगर अस्पताल पहुँचना है। सिर्फ़ एम्बुलेंस का इन्तजार है।"

भीड़ में जगह बनाकर मैंने नज़दीक जाकर देखा, एक पाँच-छः साल की लड़की उस आदमी से कुछ दूर बैठी हुई थी। मगर वह ज़रा भी रो नहीं रही थी। चुपचाप बैठी मुँह में तिनका दबाये उसे चबा रही थी।

मैं उसे देखते ही पहचान गया। वह आठ महीने पहले मानभूमि के जंगल में मिली वही नन्हीं-सी लड़की खुपी थी।

घायल मजदूर के चेहरे को अच्छी तरह से देखकर मैं पहचान गया कि वही खुपी का पिता था, जिसने गर्व से कहा था, "मैंने इसका नाम खुपी रखा है।"

मैंने आस-पास के एक-दो लोगों से पूछा, "यह आदमी कहाँ से आया है, पता है?"

किसी ने बताया, "जी, मानभूमि जिला से।"

"किस गाँव का है?"

"तोड़ाँग!"

"इसका कोई नज़दीकी रिश्तेदार यहाँ नहीं है?"

"जी, और कौन होगा? बस उसकी बच्ची ही है। न जाने कितनी दूर-दूर से लोग यहाँ काम करने आते हैं। यहाँ चावल मिलता है न, इसलिए।"

"कम्पनी कितना चावल देती है?"

"सप्ताह में फ़ी आदमी पाँच सेर।"

यह सब सुनकर खुपी के बाप के बारे में काफ़ी कुछ मैंने अन्दाजा लगा लिया। गाँव में लौटकर उसने देखा होगा कि उसका मकान टूट गया है, चावल का अभाव था, चावल मिलते भी, तो उसे खरीदना उसके *बूते*[1] का नहीं था। मक्का और उड़द की दाल, फिर जंगली अरुई और ज़मींकन्द खाकर जितने दिनों तक चल सका होगा, किसी तरह उसने काम चलाया होगा। यह मैं इसलिए कह रहा हूँ, क्योंकि इसी से मिलता-जुलता इतिहास मैं कई इलाक़ों से आये मज़दूरों के मुँह से सुन चुका था। पैसा देने पर भी गाँव में अब चावल नहीं मिलता था, मैं उस दिन बहेरागोड़ा अंचल में यह देख आया था।

एम्बुलेस आ गयी। लोगों ने मिलकर खुपी के बाप को उठाकर गाड़ी में लिटा दिया। उसने सिर्फ एक बार बड़ी तकलीफ़ से 'आह' कहने के अलावा कुछ नहीं कहा। अपनी दुलारी बेटी खुपी, जिस पर उसे गर्व था, उसका नाम तक नहीं ले सका। उसकी तरफ़ देखा भी नहीं।

डाक्टर ने कहा, "टाटानगर यहाँ से सत्ताइस मील दूर है। रास्ते के धचकों से ही शायद यह मर जायेगा, खासकर जब कि अभी तक खून का बहना बन्द नहीं हुआ है।"

दोनों तरफ़ साल के जंगलों के बीच की लाल मोरम मिट्टी की सीधी सड़क से होकर एम्बुलेंस, खुपी के बाप को लेकर फिर से अनिश्चित भविष्य की ओर, एक बार फिर पश्चिम के आसमान की तरफ़ यानी जन्म से मृत्यु की ओर, रवाना हो गयी। वह अपनी दुलारी अनाथ खुपी को किसके सहारे छोड़कर जा रहा है, यह सोचने का वक़्त भी उसके पास नहीं था।

---

1. वश।

शिक्षा

गरीबी अभिशाप है। न जीते बनता है, न मरते बनता है।

सन्देश

➤ किसी मुसीबत के मारे से केवल सहानुभूति दिखलाना ही दया नहीं है, उसकी यथाशक्ति मदद भी जरूरी है।

➤ दिखावे की दया कसाई की क्रूरता से भी बढ़कर है।

➤ किसी मजबूर की हरसम्भव मदद करना ईश्वर की इबादत है।

पं. चन्द्रधर शर्मा गुलेरी

जन्मः 7 जुलाई 1883
मृत्युः 12 सितम्बर 1922

पं. चन्द्रधर शर्मा गुलेरी का जन्म 7 जुलाई 1883 ई. को पुरानी बस्ती (मोती सिंह भोमिया के मार्ग में लाल हवेली) जयपुर में महाराजा रामसिंह के राजपण्डित महामहोपाध्याय पं. शिवराम शर्मा के घर में हुआ था। इनकी माता लक्ष्मी देवी धार्मिक प्रवृत्ति की महिला थीं। पं. शिवराम शर्मा हिमाचल प्रदेश के काँगड़ा जिले के 'गुलेर' नामक गाँव के मूल निवासी थे। सन् 1867 ई. में उन्होंने हिमालय से लौटे धर्माचार्यों को शास्त्रार्थ में पराजित किया और अपने गुरु जो कि 'भाष्य ब्रह्मचारी' उपाधि से विभूषित थे, जिनका नाम पं. विभवरामजी था, के आशीर्वाद से जयपुर-दरबार का राज-सम्मान प्राप्त किया और वहीं बस गये।

पिता पं. शिवराम ने अपने इस पुत्र का नाम जन्म कर्क लग्न में चन्द्रमा होने के कारण नाम रखा 'चन्द्रधर', जो 'गुलेर' ग्राम में उत्पन्न होने के कारण 'चन्द्रधर शर्मा गुलेरी' के नाम से कालान्तर में प्रसिद्ध हुआ। आठ-नौ वर्ष की अवस्था में ही

गुलेरीजी ने वैय्याकरण पाणिनी के 'अष्टाध्यायी' के प्रारम्भिक अध्याय और संस्कृत के दो-तीन सौ श्लोक कण्ठस्थ करके अपनी प्रखरबुद्धि का परिचय दिया। साथ ही 'अमरकोश' का सस्वर पाठ करने में पारंगत हो गये। नौ-दस वर्ष की अवस्था में 'भारत धर्म मण्डल' के सदस्यों को अपने धारा-प्रवाह संस्कृत भाषण से आश्चर्यचकित कर दिया।

अँग्रेजी भाषा की शिक्षा के लिए महाराजा कॉलेज जयपुर में प्रवेश लिया। सन् 1897 ई. में द्वितीय श्रेणी में मिडिल, 1899 ई. में इलाहाबाद से प्रथम श्रेणी में इण्ट्रेंस और कलकत्ता विश्वविद्यालय से मैट्रिक प्रथम श्रेणी में उत्तीर्ण किया। इसके लिए उन्हें जयपुर राज्य की ओर स्वर्णपदक मिला। सन् 1901 में कलकत्ता विश्वविद्यालस से एम.ए. (अँग्रेजी, ग्रीक, संस्कृत, विज्ञान, गणित, इतिहास तथा तर्कशास्त्र विषयों में) किया।

गुलेरीजी ने अपने जीवनकाल में अनेक संस्थाओं में अनके पदों को सुशोभित किया। मंगलवार 12 सितम्बर, 1922 ई. के ब्राह्ममुहूर्त में बहुमुखी प्रतिभा के धनी मनीषी साहित्यकार गुलेरीजी सन्निपात के शिकार होकर पुण्यतीर्थ काशी में ब्रह्मलीन हो गये।

साहित्य रचना- गुलेरीजी ने अपने जीवनकाल में 20-25 वर्ष के अन्तराल में मँजे हुए निबन्धकार, व्यंग्यकार, भेंटवार्ताकार, अनुसन्धाता, आलोचक, भाषाविद्, कला समीक्षक के रूप में अपना स्थान बनाया। उनकी कलम निबन्ध-साहित्य, वैदिक तथा पौराणिक-साहित्य, पुरातत्त्व और शोध-आलोचना के क्षेत्र में खूब चली।

कहानी रचना- गुलेरीजी की अब तक 'सुखमय-जीवन', 'बुद्धू का काँटा' और 'उसने कहा था'- कहानियाँ ही उपलब्ध थीं, किन्तु नवीनतम खोजों के आधार पर 'घण्टाघर' और 'धर्मपरायण रीछ' शीर्षक कहानियाँ भी प्राप्त हुई हैं। इस प्रकार उन्होंने कुल पाँच कहानियाँ लिखी, जिसमें 'उसने कहा था' कहानी ने विशेष प्रसिद्धि प्राप्त की।

4

उसने कहा था

गुलेरीजी ने अपनी कहानियों में जीवन की वास्तविकता को प्राणवान बनाने का प्रयास किया। उन्होंने बहुत कम कहानियाँ लिखकर हिन्दी साहित्य के इतिहास में अपना अमर व वरिष्ठ स्थान बना लिया। 'उसने कहा था' कहानी हिन्दी की प्रथम मौलिक कहानी मानी जाती है। इसमें यथार्थ प्रेम और कल्पना तथा त्याग सम्बन्धी घटनाओं का जो ताना-बाना और वातावरण है वह बेजोड़ है।

(1)

बड़े शहरों के इक्के-गाड़ी वालों की ज़बान के कोड़ों से जिनकी पीठ छिल गयी है और कान पक गये हैं, उनसे हमारी प्रार्थना है कि अमृतसर के बम्बूकार्ट वालों की बोली का मरहम लगावें। जबकि बड़े शहरों की चौड़ी सड़कों पर घोड़े की पीठ को चाबुक से *धुनते*[1] हुए इक्के वाले कभी घोड़े की नानी से अपना निकट का यौन-सम्बन्ध स्थिर करते हैं, कभी राह चलते पैदलों की आँखों के न होने पर तरस खाते हैं, कभी उनके पैरों की अँगुलियों के पैरों की *चींथकर*[2] अपने ही को सताया हुआ बताते हैं और संसार भर की ग्लानि, निराशा और क्षोभ के अवतार बने नाक की सीध चले जाते हैं, तब अमृतसर में उनकी *बिरादरी*[3] वाले तंग, चक्करदार गलियों में, हर एक लड्ढी लाले के लिए ठहरकर, सब्र का समुद्र उमड़ा कर, 'बचो, खालसा जी!', 'हटो भाई जी!', 'ठहरना भाई!', 'आने दो लाला जी!', 'हटो *बा' छा*[4]!', कहते हुए सफेद फेंटों, खच्चरों और बत्तकों, गन्ने व खोमचे और भारे वालों के जंगल में से राह खेते हैं। क्या मजाल है कि जी और साहब बिना सुने किसी को हटना पड़े। यह बात नहीं कि उनकी जीभ चलती ही नहीं। चलती है, पर मीठी छुरी की तरह महीन मार करती हुई। यदि कोई बुढ़िया बार-बार *चितौनी*[5] देने पर भी लीक से नहीं हटती, तो उनकी बचनावली के ये नमूने हैं–

हट जा, जीणे *जोगिये*[6], हट जा, करमाँ *वालिएँ*[7], हट जा, पुत्ताँ *प्यारिए*[8], बच जा, लम्बी *वालिए*[9]। समष्टि में इसका अर्थ है कि तू जीने योग्य है, तू भाग्यों वाली है, पुत्रों को प्यारी है, लम्बी उमर तेरे सामने है, तू क्यों मेरे पहियों के नीचे आना चाहती है? बच जा।

---

1. पीटते। 2. कुचलकर। 3. हम पेशा वाले। 4. बादशाह। 5. चेतावनी। 6. जीने योग्य।
7. भाग्यवती। 8. पुत्रों की प्रिय। 9. लम्बी उमर वाली।

ऐसे बम्बूकार्ट वालों के बीच में होकर एक लड़का और एक लड़की चौक की एक दुकान पर आ मिले। उसके बालों और इसके ढीले *सुथने*[1] से जान पड़ता था कि दोनों सिख हैं। वह अपने मामा के केश धोने के लिए दही लेने आया था और यह रसोई के लिए बड़ियाँ। दुकानदार एक परदेसी से *गुथ*[2] रहा था, जो सेर भर गीले पापड़ों की गड्डी को गिने बिना हटता न था।

'तेरा घर कहाँ हैं?'

'मगरे में,–और तेरा?'

'माँझे में,–यहाँ कहाँ रहती है?'

'अतरसिंह की बैठक में, वह मेरे मामा होते हैं।'

'मैं भी मामा के आया हूँ, उनका घर गुरुबाजार में है।'

इतने में दुकानदार निबटा और इनको सौदा देने लगा। सौदा लेकर दोनों साथ-साथ चले। कुछ दूर जाकर लड़के ने मुसकरा कर पूछा-'तेरी *कुड़माई*[3] हो गयी?' इस पर लड़की कुछ आँखें चढ़ाकर 'धत्' कहकर दौड़ गयी और लड़का मुँह देखता रह गया।

दूसरे-तीसरे दिन सब्जी वाले के यहाँ या दूध वाले के यहाँ अकस्मात् दोनों मिल जाते। महीना भर यही हाल रहा। दो-तीन बार लड़के ने फिर पूछा, "तेरी कुड़माई हो गयी?" और उत्तर में वही 'धत्' मिला। एक दिन जब फिर लड़के ने वैसी ही हँसी में चिढ़ाने के लिए पूछा, तो लड़की, लड़के की सम्भावना के विरुद्ध, बोली 'हाँ, हो गयी।'

'कब?'

'कल, देखते नहीं यह रेशम से कढ़ा हुआ *सालू*[4]।' लड़की भाग गयी। लड़के ने घर की राह ली। रास्ते में एक लड़के को मोरी में ढकेल दिया, एक छावड़ीवाले की दिन भर की कमायी खोई, एक कुत्ते को पत्थर मारा और एक गोभी वाले के ठेले में दूध उड़ेल दिया। सामने नहाकर आती हुई किसी वैष्णवी से टकरा कर अन्धे की उपाधि पायी, तब कहीं घर पहुँचा।

(2)

'राम! राम! यह भी कोई लड़ाई है? दिन-रात खन्दकों में बैठे हड्डियाँ अकड़ गयीं। लुधियाने से दस गुना जाड़ा और मेंह तथा बरफ ऊपर से। पिण्डलियों तक कीचड़ में धँसे हुए हैं। *गुनीम*[5] कहीं दिखता नहीं। घण्टे दो घण्टे में कान के परदे फाड़ने वाले धमाके के साथ सारी ख़न्दक हिल जाती है और सौ-सौ गज़ धरती उछल पडती है। इस *ग़ैबी*[6] गोले से बचे तो कोई लड़े। नगरकोट का *ज़लज़ला*[7] सुना था, यहाँ दिन में पचीस ज़लज़ले होते हैं। जो कहीं ख़न्दक से बाहर साफ़ा या कुहनी निकल गयी, तो चटाक् से गोली लगती है। न मालूम बेईमान। मट्टी में लेटे हुए

1. वेशभूषा। 2. झगड़ा। 3. मँगनी। 4. ओढ़नी। 5. खैरियत, कुशल। 6. आसमानी। 7. भूकम्प।

हैं या घास की पत्तियों में छिपे रहते हैं।'

'लहनासिंह! तीन दिन और हैं। चार दिन तो खन्दक में बिता ही दिये। परसों *रिलीफ*[1] आ जायेगी और फिर सात दिन की छुट्टी। अपने हाथों *झटका*[2] करेंगे और पेट भर खाकर सो रहेंगे। उसी *फ़िरंगी*[3] मेम के बाग में–मखमल की-सी हरी घास है। फल और दूध की वर्षा कर देती है। लाख कहते हैं, दाम नहीं लेती। कहती है- तुम राजा हो, मेरे मुल्क को बचाने आये हो।'

चार दिन तक एक पलक नींद नहीं मिली। बिना *फेरे*[4] घोड़ा बिगड़ता है और बिना लड़े सिपाही। मुझे तो संगीन चढ़ाकर मार्च का हुकुम मिल जाये। फिर सात जरमनों को अकेला मारकर न लौटूँ, तो मुझे दरबार साहब की देहली पर मत्था टेकना नसीब न हो। पाज़ी कहीं के! कलों के घोड़े–संगीन देखते ही मुँह फाड़ देते हैं और पैर पकड़ने लगते है। यों अन्धेरे में तीस-तीस मन का गोला फेंकते हैं। उस दिन धावा किया था–चार मील तक। एक भी जर्मन नहीं छोड़ा था। पीछे जनरल साहब ने हट आने का *कमान*[5] दिया, नहीं तो–'

'नहीं तो सीधे बर्लिन पहुँच जाते, क्यों?' सूबेदार हज़ारासिंह ने मुसकराकर कहा, 'लड़ाई के मामले जमादार या नायक के चलाये नहीं चलते। बड़े अफसर दूर की सोचते हैं। तीन सौ मील का सामना है। एक तरफ बढ़ गये, तो क्या होगा?' 'सूबेदार जी सच है', लहनासिंह बोला, -पर करें क्या? हड्डियों-हड्डियों में तो जाड़ा धँस गया है। सूर्य निकलता नहीं और खाई में दोनों तरफ से चम्बे की बावलियों के-से सोते झर रहे हैं। एक धावा हो जाये, तो गरमी आ जाये।'

'*उदमी*[6]! उठ, सिगड़ी में कोयले डाल। वजीर! तुम चार जने बाल्टियाँ लेकर खाई का पानी बाहर फेंको।

लहनासिंह! शाम हो गयी है, खाई के दरवाज़े का पहरा बदल दो कहते हुए सुबेदार ख़न्दक में चक्कर लगाने चला गया।

वज़ीरासिंह पल्टन का विदूषक था। बाल्टी का गँदला पानी खाई के बाहर फेंकता हुआ बोला–"मैं *पाधा*[7] बन गया हूँ। करो जर्मनी के बादशाह का तर्पण!" इस पर सब खिलखिला का हँस पड़े और उदासी के बादल फट गये।

लहनासिंह ने दूसरी बाल्टी उसके हाथ में भरकर देकर कहा–'अपनी बाड़ी के खरबूजों में पानी दो। ऐसा खाद का पानी पंजाब भर में नहीं मिलेगा।'

हाँ, देश क्या है, स्वर्ग है। मैं तो लड़ाई के बाद सरकार से दस *घुमा*[8] जमीन यहाँ माँग लूँगा और फलों के *बूटे*[9] लगाऊँगा।

'लाड़ी *होरां*[10] को भी यहाँ बुला लोगे? या वहीं दूध पिलाने वाली फ़िंरगी मेम?'

---

1. मदद। 2. बकरा मारना। 3. अँग्रेज। 4. चढ़े, सवारी किये। 5. आदेश। 6. उद्यमी। 7. बलि का बकरा।
8. जमीन की नाप। 9. पेड़। 10. स्त्री, होराँ–आदरवाचक।

'चुप कर! यहाँ वालों को शरम नहीं।'

'देश-देश की चाल है। आज तक मैं उसे समझा न सका कि सिख तमाखू नहीं पीता। वह सिगरेट देने में हठ करती है, ओठों में लगाना चाहती है और मैं पीछे हटता हूँ, तो समझती है कि राजा बुरा मान गया, अब मेरे मुल्क के लिए लड़ेगा नहीं।'

'अच्छा, अब बोधासिंह कैसा है?'

'अच्छा है!'

'जैसे मैं जानता ही न होऊँ। रात भर तुम अपने दोनों कम्बल उसे उढ़ाते हो और आप *सिगड़ी*[1] के सहारे गुज़र करते हो। उसके पहरे पर आप पहरा दे आते हो। अपने सूखे लकड़ी के तख़्तों पर उसे सुलाते हो, आप कीचड़ में पड़े रहते हो। कहीं तुम न *माँदे*[2] पड़ जाना। जाड़ा क्या है मौत है और 'निमोनिया' से मरने वालों को *मुरब्बे*[3] नहीं मिला करते।'

'मेरा डर मत करो। मैं तो बुलेल की खड्ड के किनारे मरूँगा। भाई कीरतसिंह की गोदी पर मेरा सिर होगा और मेरे हाथ के लगाये हुए आँगन के आम के पेड़ की छाया होगी।'

वजीरासिंह ने त्यौरी चढ़ाकर कहा-'क्या मरने-मारने की बात लगायी है? मरें जर्मनी और तुरक! हाँ, भाइयों कैसे-

दिल्ली शहर तें पिशैर नुँ जाँदिये,
कर लेणा लौगाँ दा बपार मडिये,
कर लेणा नाड़ेदा सौदा अडिये-
(ओय्) लाणा चटाका कदुये नुँ
कद्दू बणाया वे मजेदार गोरिये
हुण लाणा चटाका कदुये नुँ[4]॥

'अरी दिल्ली शहर से पेशावर को जाने वाली, लौंगों का व्यापार कर ले और इजारबन्द का सौदा कर ले। जीभ चटाचट कर कद्दू खाना है। गोरी कद्दू मजेदार बना है। अब चटपट कर उसे खाना है।'

कौन जानता था कि दाढ़ियों वाले, घरबारी सिख ऐसा लुच्चों का गीत गायेंगे, पर सारी ख़न्दक इस गीत से गूँज उठी और सिपाही फिर ताज़ा हो गये, मानों चार दिन से सोते और मौज़ ही करते रहे हों।

(3)

दो पहर रात गयी है। अन्धेरा है। सुनसान मची हुई है। बोधासिंह तीन खाली बिसकुटों के टिनों पर अपने दोनों कम्बल बिछाकर और लहनासिंह के दो कम्बल

---

1. अँगीठी। 2. बीमार। 3. नयी नहरों के पास वर्ग भूमि।

और एक *बरानकोट*[1] ओढ़कर सो रहा है। लहनासिंह पहरे पर खड़ा हुआ है। एक आँख खाई के मुँह पर है और एक बोधासिंह के दुबले शरीर पर। बोधासिंह कराहा।

'क्यों बोधा भाई! क्या है?'

'पानी पिला दो।'

लहनासिंह ने कटोरा उसके मुँह से लगाकर पूछा–'कहो कैसे हो?' पानी पीकर बोधा बोला–'*कँपनी*[2] छूट रही है। रोम-रोम में तार दौड़ रहे हैं। दाँत बज रहे हैं।'

'अच्छा, मेरी *जरसी*[3] पहन लो।'

'और तुम?'

'मेरे पास सिगड़ी है और मुझे गरमी लगती है, पसीना आ रहा है।'

'ना, मैं नहीं पहनता, चार दिन से तुम मेरे लिए–'

'हाँ, याद आयी। मेरे पास दूसरी गरम जरसी है। आज सबेरे ही आयी है। विलायत से मेमें बुन-बुनकर भेज रही हैं। गुरु उनका भला करें।' यों कहकर लहना अपना कोट उतार कर जरसी उतारने लगा।

'सच कहते हो?'

'और नहीं तो क्या झूठ?' यों कहकर ना ही करते बोधा को उसने जबरदस्ती जरसी पहना दी और आप खाकी कोट और ज़ीन का कुरता भर पहन कर पहरे पर आ खड़ा हुआ। मेम की जरसी की कथा केवल कथा थी।

आधा घण्टा बीता। इतने में खाई के मुँह से आवाज आयी–'सूबेदार हजारासिंह!'

'कौन? लपटन साहब? हुकुम हुजूर! कहकर सूबेदार तनकर फौजी सलाम करके सामने हुआ।

'देखो, इसी दम धावा करना होगा। मील भर की दूरी पर पूर्व के कोने में एक जर्मन खाई है। उसमें पचास से ज्यादा जर्मन नहीं है। इन पेड़ों के नीचे-नीचे दो खेत काटकर रास्ता है। तीन-चार घुमाव है। जहाँ मोड़ है, वहाँ पन्द्रह जवान खड़े कर आया हूँ। तुम यहाँ दस आदमी छोड़कर सबको साथ लेकर उनसे मिलो। ख़न्दक छीनकर वहीं, जब तक दूसरा हुक्म न मिले, डटे रहो। हम यहाँ रहेगा।'

'जो हुक्म।'

चुपचाप सब तैयार हो गये। बोधा भी कम्बल उतारकर चलने लगा। तब

---

1. ओवरकोट। 2. कँपकँपी। 3. स्वैटर।

लहनासिंह ने उसे रोका। लहनासिंह आगे हुआ, तो बोधा के बाप सूबेदार ने उँगली से बोधा की ओर इशारा किया। लहनासिंह समझकर चुप हो गया। पीछे दस आदमी कौन रहें, इसपर बड़ी हुज्जत हुई। कोई रहना न चाहता था। समझा-बुझाकर सूबेदार ने मार्च किया। लपटन साहब लहना की सिगड़ी के पास मुँह फेरकर खड़े हो गये और जेब से सिगरेट निकालकर सुलगाने लगे। दस मिनट बाद उसने लहना की ओर हाथ बढ़ाकर कहा-'लो तुम भी पियो।'

आँख पलकते-पलकते लहनासिंह सब समझ गया। मुँह का भाव छिपाकर बोला-'लाओ, साहब!' साथ आगे करते उसने सिगड़ी के उजास में साहब का मुँह देखा। बाल देखे। माथा ठनका। लपटन साहब के पट्टियों वाले बाल एक दिन में कहाँ उड़ गये और उनकी जगह कैदियों के-से कटे हुए बाल कहाँ से आ गये? शायद साहब शराब पिये हुए हैं और उन्हें बाल कटवाने का मौका मिल गया है? लहनासिंह ने जाँचना चाहा। लपटन साहब पाँच वर्ष से उसकी रेजिमेण्ट में रहे थे।

'क्यों साहब! हम लोग हिन्दुस्तान कब जायेंगे?'

'लड़ाई खत्म होने पर। क्यों? यह देश पसन्द नहीं?'

'नहीं साहब! वह शिकार के मजे यहाँ कहाँ? याद है पारसाल नकली लड़ाई के पीछे हम-आप जगाधरी के जिले में शिकार करने गये थे।'

'हाँ, हाँ-'

'वही जब आप *खोते*[1] पर सवार थे और आपका *खानसामा*[2] अब्दुल्ला रास्ते के एक मन्दिर में जल चढ़ाने को रह गया था?'

'बेशक, *पाजी*[3] कहीं का-'

'सामने से वह नीलगाय निकली कि ऐसी बड़ी मैंने कभी नहीं देखी। और आपकी एक गोली उसके कन्धें में लगी और पुट्ठे में से निकली। ऐसे अफसर के साथ शिकार खेलने में मज़ा है। क्यों साहब! शिमले से तैयार होकर उस नीलगाय का सिर आ गया था न? आपने कहा था कि रेजीमेण्ट की *मैस*[4] में लगायेंगे।'

'हो, पर मैंने वह विलायत भेज दिया-'

'ऐसे बड़े-बडे सींग! दो-दो फुट के तो होंगे?'

'हाँ, लहनासिंह! दो फुट चार इंच के थे। तुमने सिगरेट नहीं पिया?'

'पीता हूँ साहब! दियासलाई ले आता हूँ', कहकर लहनासिंह खन्दक में घूमा। अब उसे सन्देह नहीं रहा था। उसने झटपट विचारकर लिया कि क्या करना चाहिए।

1. गधे। 2. बावर्ची, भोजन बनाने वाला। 3. बदमाश। 4. भोजनालय।

अन्धेरे में किसी सोने वाले से टकराया। 'कौन? वजीरासिंह?'

हाँ, क्यों लहना? क्या, कयामत आ गयी? जरा तो आँख लगने दी होती!'

(4)

'होश में आओ! कयामत आयी है और लपटन साहब की वरदी पहन कर आयी है।'

'क्या?'

'लपटन साहब या तो मारे गये हैं या कैद हो गये हैं। उनकी वरदी पहनकर कोई जर्मन आया है। सूबेदार ने इसका मुँह नहीं देखा। मैंने देखा है और बातें की हैं। *सौहरा*[1] साफ उर्दू बोलता है, पर किताबी उर्दू। और मुझे पीने को सिगरेट दिया है।'

'तो अब?'

'अब मारे गये। धोखा है। सूबेदार हीरा कीचड़ में चक्कर काटते फिरेंगे और यहाँ खाई पर धावा होगा। उधर उनपर खुले में धावा होगा। उठो, एक काम करो। पलटन के पैरों के *खोज*[2] देखते-देखते दौड़ जाओ। अभी बहुत दूर नहीं गये होंगे। सूबेदार से कहो कि एकदम लौट आयें। ख़न्दक की सब बात झूठ है। चले जाओ, ख़न्दक के पीछे से निकल जाओ। पत्ता तक न खड़के। देर मत करो।

'हुकुम तो यह है कि यहीं–'

'ऐसी-तैसी हुकुम की! मेरा हुकुम–जमादार लहनासिंह, जो इस बख़्त यहाँ सबसे बड़ा अफ़सर है, उसका हुकुम है। मैं लपटन साहब की खबर लेता हूँ।'

'पर यहाँ तो तुम आठ ही हो।'

'आठ नहीं, दस लाख। एक-एक अकालिया सिख सवा लाख के बराबर होता है। चले जाओ।'

लौटकर खाई के मुहाने पर लहनासिंह दिवाल से चिपक गया। उसने देखा कि लपटन साहब ने जेब से तीन बेल के बराबर गोले निकाले। तीनों को जगह-जगह ख़न्दक की दीवालों में घुसेड़ दिया और तीनों में एक तार-सा बाँध दिया। तार के आगे एक सूत की गुत्थी थी, जिसे सिगड़ी के पास रखा। और बाहर की तरफ जाकर एक दियासलाई जलाकर गुत्थी पर रखने वाला ही था कि–

इतने में बिजली की तरह दोनों हाथों से उल्टी बन्दूक को उठाकर लहनासिंह ने साहब की कुहनी पर तानकर दे मारा। धमाके के साथ साहब के हाथ से

---

1. सुसरा (गाली)। 2. निशान, चिह्न।

दियासलाई गिर पड़ी। लहनासिंह ने एक कुन्दा साहब की गर्दन पर मारा और साहब 'आँख! मीन गौट्ट' कहते हुए चित्त हो गये। लहनासिंह ने तीनों गोले बीन कर खन्दक के बाहर फेंके और साहब को घसीट कर सिगड़ी के पास लिटाया। जेबों की तलाशी ली। तीन-चार लिफाफे और एक डायरी निकालकर उन्हें अपनी जेब के हवाले किया।

साहब की मूर्च्छा हटी। लहनासिंह हँसकर बोला-'क्यों लपटन साहब! मिज़ाज कैसा है? आज मैंने बहुत बातें सीखीं। यह सीखा कि सिख सिगरेट पीते हैं। यह सीखा कि जगाधरी के जिले में नीलगायें होती हैं और उनके दो फुट चार इंच के सींग होते हैं। यह सीखा कि मुसलमान ख़ानसामा मन्दिरों में पानी चढ़ाते हैं और लपटन साहब खोते पर चढ़ते हैं। यह तो कहो, ऐसी साफ उर्दू कहाँ से सीख आये? हमारे लपटन साहब तो बिना 'डैम' के पाँच लफ़्ज भी नहीं बोला करते थे।'

लहना ने पतलून की जेबों की तलाशी नहीं ली थी। साहब ने, मानों जाड़े से बचने के लिए, दोनों हाथ जेबों में डाले।

लहनासिंह कहता गया-'चालाक तो बड़े हो पर माँझे का लहना इतने बरस लपटन साहब के साथ रहा है। उसे चकमा देने के लिए चार आँखें चाहिए। तीन महीने हुए, एक तुरकी मौलवी मेरे गाँव में आया था। औरतों को बच्चे होने के तावीज बाँटता था और बच्चों को दवाई देता था। चौधरी के बड़ के नीचे *मंजा*[1] बिछाकर हुक्का पीता रहता था और कहता था कि जर्मनी वाले बड़े पण्डित हैं। वेद पढ़-पढ़कर उसमें से विमान चलाने की विद्या जान गये हैं। गौ को नहीं मारते। हिन्दुस्तान में आ जायेंगे, तो गौहत्या बन्द कर देंगे। मण्डी के बनियों को बहकाता था कि डाकखाने से रुपये निकाल लो, सरकार का राज आने वाला है। डाक बाबू पोल्हूराम भी डर गया था। मैंने मुल्लाजी की दाढ़ी मूँड़ दी थी और गाँव से बाहर निकालकर कहा था कि जो मेरे गाँव में अब पैर रखा तो-'

साहब की जेब में से पिस्तौल चली और लहना की जाँघ में गोली लगी। इधर लहना की हैनरी मार्टिनी के दो फायरों ने साहब की *कपालक्रिया*[2] कर दी। धड़ाका सुनकर सब दौड़ आये।

बोधा चिल्लाया-'क्या है?'

लहनासिंह ने उसे तो यह कहकर सुला दिया कि 'एक हड़का हुआ कुत्ता आया था, मार दिया' और औरों को सब हाल कह दिया। सब बन्दूकें लेकर तैयार हो गये। लहना ने साफ़ा फाड़कर घाव के दोनों तरफ पट्टियाँ कसकर बाँधी। घाव माँस में ही था और पट्टियों के कसने से लहू निकलना बन्द हो गया।

---

1. खटिया। 2. सिर उड़ा दिया, मार डाला।

इतने में सत्तर जर्मन चिल्लाकर खाई में घुस पड़े। सिखों की बन्दूकों की बाढ़ ने पहले धावे को रोका। दूसरे को रोका। पर वहाँ थे आठ। (लहनासिंह तक-तक कर मार रहा था। वह खड़ा था और जर्मन लेटे हुए थे) और वे सत्तर। अपने मुर्दा भाइयों के शरीर पर चढ़कर जर्मन आगे घुस आते थे। थोड़े से मिनटों में अचानक आवाज आयी 'वाहे गुरुजी की फतह! वाहे गुरुजी का खालसा!!' और धड़ाधड़ बन्दूकों के फायर जर्मनों की पीठ पर पड़ने लगे। ऐन मौके पर जर्मन दो चक्की के पाटों में आ गये। पीछे से सूबेदार हजारासिंह के जवान आग बरसाते थे और सामने लहनासिंह के साथियों के संगीन चल रहे थे। पास आने पर पीछे वालों ने संगीन पिरोना शुरू कर दिया।

एक किलकारी और-'अकाल सिक्खाँ दी फौज आयी! वाहे गुरुजी दी फतह! वाहे गुरुजी दी खालसा! सत श्री अकाल पुरुख!!!' और लड़ाई खत्म हो गयी। तिरसठ जर्मन या तो खेत रहे थे या कराह रहे थे। सिखों में पन्द्रह के प्राण गये। सूबेदार के दाहिने कन्धे में से गोली आरपार निकल गयी। लहनासिंह की पसली में एक गोली लगी। उसने घाव को ख़न्दक की गीली मट्टी से पूर लिया और बाकी का साफ़ा कसकर कमरबन्द की तरह लपेट लिया। किसी को खबर न पड़ी कि लहना के दूसरा घाव-भारी घाव लगा है।

लड़ाई के समय चाँद निकल आया था, ऐसा चाँद कि जिसके प्रकाश से संस्कृत-कवियों का दिया हुआ '*क्षयी*[1]' नाम सार्थक होता है। और हवा ऐसी चल रही थी जैसी कि बाणभट्ट की भाषा में '*दन्तवीणोपदेशाचार्य*[2]' कहलाती है। वजीरासिंह कह रहा था कि कैसे मन-मन भर फ्रांस की भूमि मेरे बूटों से चिपक रही थी, जब मैं दौड़ा-दौड़ा सूबेदार के पीछे गया था। सूबेदार लहनासिंह से सारा हाल सुनकर और कागजात पाकर सभी उसकी तुरन्त-बुद्धि को सराह रहे थे और कह रहे थे कि तू न होता, तो आज सब मारे जाते।

इस लड़ाई की आवाज तीन मील दाहिनी ओर की खाई वालों ने सुन ली थी। उन्होंने पीछे टेलीफोन कर दिया था। वहाँ से झटपट दो डाक्टर और दो बीमारों को ढोने की गाड़ियाँ चलीं, जो एक-डेढ़ घण्टे के अन्दर-अन्दर आ पहुँचीं। फील्ड अस्पताल नजदीक था। सुबह होते-होते वहाँ पहुँच जायेंगे, इसलिए मामूली पट्टी बाँधकर एक गाड़ी में घायल लिटाये गये और दूसरी में लाशें रखी गयीं। सूबेदार ने लहनासिंह की जाँघ में पट्टी बँधवाना चाहा। उसने यह कहकर टाल दिया कि थोड़ा घाव है, सबेरे देखा जायेगा। बोधासिंह ज्वर में *बर्रा*[3] रहा था। उसे गाड़ी में लिटाया गया। सूबेदार लहना को छोड़कर जाते नहीं थे। उसने कहा-

'तुम्हें बोधा की कसम है और सूबेदारनी जी की सौगन्ध है, जो इस गाड़ी में न चले जाओ।'

---

1. नष्ट या क्षय होने वाला। 2. ठण्ड से दाँत कटकटाना। 3. बड़बड़ाना।

‘और तुम?’

‘मेरे लिए वहाँ पहुँचकर गाड़ी भेज देना। और जर्मन मुरदों के लिए भी तो गाड़ियाँ आती होंगी। मेरा हाल बुरा नहीं है। देखते नहीं, मैं खड़ा हूँ? वजीरासिंह मेरे पास है ही।’

‘अच्छा, पर–’

‘बोधा गाड़ी पर लेट गया? भला! आप भी चढ़ जाओ। सुनिए तो, सूबेदारनी होराँ को चिट्ठी लिखो, तो मेरा मत्था टेकना लिख देना। और जब घर जाओ, तो कह देना कि जो उसने कहा था, वह मैंने कर दिया।’

गाड़ियाँ चल पड़ी थीं। सूबेदार ने चढ़ते-चढ़ते लहना का हाथ पकड़कर कहा, तैंने मेरे और बोधा के प्राण बचाये हैं। लिखना कैसा? साथ ही घर चलेंगे। अपनी सूबेदारनी को तू ही कह देना। उसने क्या कहा था?’

‘अब आप गाड़ी पर चढ़ जाओ। मैंने जो कहा, वह लिख देना और कह भी देना।’

गाड़ी के जाते ही लहना लेट गया। ‘वजीरा! पानी पिला दे और मेरा कमरबन्द खोल दे। तर हो रहा है।’

(5)

मृत्यु के कुछ समय पहले स्मृति बहुत साफ हो जाती है। जन्मभर की घटनाएँ एक-एक करके सामने आती हैं। सारे दृश्यों के रंग साफ होते हैं, समय की धुन्ध बिलकुल उनपर से हट जाती है।

लहनासिंह बारह वर्ष का है। अमृतसर में मामा के यहाँ आया हुआ है। दही वाले के यहाँ, सब्जी वाले के यहाँ, हर कहीं उसे एक आठ वर्ष की लड़की मिल जाती है। जब वह पूछता है कि ‘तेरी कुड़माई हो गयी?’ वो ‘धत्’ कहकर भाग जाती है। एक दिन उसने वैसे ही पूछा, तो उसने कहा–‘हाँ, कल हो गयी, देखते नहीं, यह रेशम के फूलों वाला सालू?’ सुनते ही लहनासिंह को दुःख हुआ क्रोध हुआ। क्यों हुआ?

‘वजीरासिंह पानी पिला दे।’

X X X X

पच्चीस वर्ष बीत गये लहनासिंह नं. 77 रैफल्स में जमादार हो गया है। उस आठ वर्ष की कन्या का ध्यान ही न रहा। न मालूम वह कभी मिली थी या नहीं। सात दिन की छुट्टी लेकर ज़मीन के मुकदमे की पैरवी करने वह अपने घर गया। वहाँ रेजिमेण्ट के अफसर की चिट्ठी मिली कि फौज *लाम*[1] पर जाती है। फौरन चले आओ। साथ

---

1. लड़ाई।

ही सूबेदार हजारासिंह की चिट्ठी मिली कि मैं और बोधासिंह भी लाम पर जाते हैं। लौटते हुए हमारे घर होते जाना। साथ चलेंगे। सूबेदार का गाँव रास्ते में पड़ता था और सूबेदार उसे बहुत चाहता था। लहनासिंह सूबेदार के यहाँ पहुँचा।

जब चलने लगे, तब सूबेदार *वेढे*[1] में से निकलकर आया। बोला–'लहना! सूबेदारनी तुमको जानती हैं। बुलाती हैं, जा मिल आ।' लहनासिंह भीतर पहुँचा, सूबेदारनी मुझे जानती है? कब से! रेजिमेण्ट के क्वाटरों में तो कभी सूबेदार के घर के लोग रहे नहीं। दरवाजे पर जाकर 'मत्था टेकना' कहा। असीस सुनी। लहनासिंह चुप।

'मुझे पहचाना?'

'नहीं।'

'तेरी कुड़माई हो गयी?'–'धत्'–'कल ही हो गयी–देखते नहीं रेशमी बूटों वाला शालू–अमृतसर में–'

भावों की टकराहट से मूर्च्छा खुली। करवट बदली। पसली का घाव बह निकला।

'वजीरा, पानी पिला'–'उसने कहा था।'

X   X   X   X

स्वप्न चल रहा है। सूबेदारनी कह रही है–मैंने तेरे को आते ही पहचान लिया। एक काम कहती हूँ। मेरे तो भाग फूट गये। सरकार ने बहादुरी का ख़िताब दिया है, लायलपुर में जमीन दी है, आज नमकहलाली का मौका आया है। पर सरकार ने हम *तीमियों*[2] की एक घघरिया पल्टन क्यों न बना दी, जो मैं भी सूबेदारजी के साथ चली जाती? एक बेटा है। फौज में भरती हुए इसे एक ही बरस हुआ। इसके पीछे चार और हुए, पर एक भी नहीं जिया।' सूबेदारनी रोने लगी, 'अब दोनों जाते है। मेरे भाग! तुम्हें याद है, एक दिन ताँगे वाले का घोड़ा दही वाले की दुकान के पास बिगड़ गया था। तुमने उस दिन मेरे प्राण बचाये थे। आप घोड़े की लातों में चले गये थे और मुझे उठाकर दुकान के तख्ते पर खड़ाकर दिया था। ऐसे इन दोनों को बचाना। यह मेरी भिक्षा है। तुम्हारे आगे मैं आँचल पसारती हूँ।'

रोती-रोती सूबेदारनी *ओबरी*[3] में चली गयी। लहना भी आँसू पोंछता हुआ बाहर आया।

'वजीरा, पानी पिला'–उसने कहा था।'

X   X   X   X

---

1. घर में से। 2. स्त्रियों। 3. अन्दर का घर।

लहना का सिर अपनी गोदी पर लिटाये वजीरासिंह बैठा है। जब माँगता है, तब पानी पिला देता है। आध घण्टे तक लहना गुम रहा। फिर बोला–

'कौन? कीरतसिंह?'

वजीरा ने कुछ समझकर कहा, 'हाँ।'

'भइया, मुझे और ऊँचा कर ले। बस *पट्ट*[1] पर मेरा सिर रख ले।' वजीरा ने वैसा ही किया।

'हाँ, अब ठीक है। पानी पिला दे। बस! अब के *हाड़*[2] में यह आम खूब फलेगा। चाचा-भतीजा दोनों यहीं बैठकर आम खाना। जितना बड़ा तेरा भतीजा है, उतना ही यह आम है। जिस महीने उसका जन्म हुआ था, उसी महीने मैंने इसे लगाया था।

वजीरासिंह के आँसू टप-टप पड़ रहे थे।

X X X X

कुछ दिन बाद लोगों ने अखबारों में पढ़ा–

फ्रांस और बेल्जियम–68वीं सूची–मैदान में घावों से मरा–नं. 77 सिख राइफल्स–जमादार लहनासिंह।

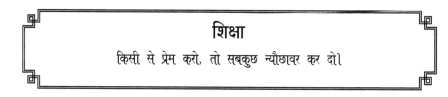

शिक्षा

किसी से प्रेम करो, तो सबकुछ न्यौछावर कर दो।

सन्देश

- प्रेम में उपकार भावना नहीं, त्याग भावना होनी चाहिए।
- प्रेम प्रतिदान नहीं, बलिदान माँगता है।
- प्रेम पूजा है, इबादत है, कर्म है, कर्तव्य है।

1. जाँघ। 2. आषाढ़।

जयशंकर प्रसाद

जन्म: 30 जनवरी 1889 (वि. सं. 1946)
मृत्यु: 14 नवम्बर 1937 (वि. सं. 1994)

जयशंकर प्रसादजी का जन्म काशी के एक प्रसिद्ध वैश्य परिवार में सन् 1889 ई. में हुआ था। काशी में उनका परिवार 'सुँघनी साहू' के नाम से प्रसिद्ध था। इनके यहाँ तम्बाकू का व्यापार होता था। प्रसादजी के पितामह का नाम शिवरत्न साहू और पिता का नाम 'देवी प्रसाद' था। पितामह शिव के परम भक्त और दयालु थे। प्रसाद के पिताजी भी अत्यधिक उदार और साहित्य प्रेमी थे।

प्रसादजी का बाल्यकाल बहुत सुखमय व्यतीत हुआ। बाल्यावस्था में ही उन्होंने अपनी माता के साथ धारा क्षेत्र, ओंकारेश्वर, पुष्कर, उज्जैन और ब्रज आदि तीर्थों की यात्रा की। जिसका प्रभाव प्रसाद के बालमन पर पड़ा। यात्रा से लौटने के बाद प्रसादजी के पिता का स्वर्गवास हो गया। चार वर्ष बाद उनकी माता भी स्वर्गवासी हो गयीं। प्रसाद के पालन-पोषण और शिक्षा-दीक्षा का दायित्व उनके बड़े भाई शम्भूरत्न और भाभी पर पड़ा।

प्रसादजी नाम सर्वप्रथम क्वींस कॉलेज में लिखवाया गया, किन्तु स्कूल की पढ़ाई में उनका मन नहीं लगा, अतः उनकी शिक्षा का प्रबन्ध घर पर ही किया गया। प्रसाद घर पर ही योग्य शिक्षकों से अँग्रेजी और संस्कृत का अध्ययन करने लगे। उन्हें आरम्भ से ही साहित्य के प्रति प्रेम था। समय पाकर वे कविताएँ भी करने लगे। भाई ने पहले तो मना किया, किन्तु बाद में छूट दे दी। इसी बीच भाई का देहान्त हो गया। परिवार की आर्थिक स्थिति बिगड़ गयी, व्यापार भी समाप्त हो गया। प्रसादजी ने पैतृक सम्पत्ति बेचकर ऋणमुक्ति प्राप्त की, किन्तु उनका जीवन संघर्षों से टक्कर लेता रहा। प्रसादजी ने क्रमशः तीन विवाह किये, किन्तु तीनों की मृत्यु हो गयी। तीसरी पत्नी से उन्हें 'रत्नशंकर' नामक पुत्र की प्राप्ति हुई।

यद्यपि प्रसादजी बहुत संयमी थे, किन्तु आर्थिक संघर्ष और चिन्ताओं के कारण उनका स्वास्थ्य खराब हो गया। यह रोग उन्हें अत्यधिक कसरत और बादाम खाने से भी हो गया। प्रसादजी 'राजयक्ष्मा' के रोग से ग्रसित हो गये। इस रोग से मुक्ति पाने के लिए उन्होंने बहुत प्रयास किया, किन्तु सन् 1937, 14 नवम्बर को रोग ने उनके शरीर पर पूर्ण प्रभाव दिखाया और वे सदा के लिए संसार से विदा हो गये।

रचनाएँ: द्विवेदी युग से काव्य-यात्रा आरम्भ करने वाले प्रसादजी छायावादी काव्य के जन्मदाता एवं प्रवर्तक माने जाते हैं। प्रसादजी ने नाटक, कहानी, उपन्यास, निबन्ध और काव्य के क्षेत्र में अपनी विलक्षण प्रतिभा का परिचय दिया। प्रसादजी ने संस्कृत के तत्सम शब्दों से युक्त कुल 67 रचनाएँ हिन्दी साहित्य जगत् में प्रस्तुत कीं। इनमें से प्रमुख रचनाएँ निम्नलिखित हैं–

(1) कामायनी (छायावादी महाकाव्य)

(2) आँसू (छायावादी मुक्तक विरह काव्य)

(3) चित्राधार (ब्रजभाषा में रचित काव्य-संग्रह)

(4) लहर (भावात्मक हिन्दी काव्य-संग्रह)

(5) झरना (छायावादी कविताओं का संग्रह)

(6) **नाटक**-उनके नाटकों में चन्द्रगुप्त, स्कन्दगुप्त, ध्रुवस्वामिनी, जनमेजय का नागयज्ञ, कामना, एक घूँट, विशाख, राजश्री, कल्याणी, अज्ञातशत्रु और प्रायश्चित हैं।

(7) **उपन्यास**-कंकाल, तितली और इरावती (अपूर्ण)

(8) **कहानी-संग्रह**-प्रसादजी उत्कृष्ट कोटि के कहानीकार थे। उनकी कहानियों में भारत का अतीत मुस्कुराता है। उनके कहानी-संग्रह हैं-प्रतिध्वनि, छाया, आकाशदीप, आँधी और इन्द्रजाल।

(9) **निबन्ध**-प्रसादजी उच्चकोटि के निबन्ध लेखक थे। उन्होंने अनेक निबन्धों की भी रचना की, जो 'काव्यकला और अन्य निबन्ध' संग्रह में संकलित हैं।

गुण्डा

प्रसादजी का परिवार अपने विद्याप्रेम और दानवीरता के लिए विख्यात था। अतः कवियों, विद्वानों, संगीतज्ञों, पहलवानों, वैद्यों और ज्योतिषियों का वहाँ हमेशा जमघट लगा रहता था। प्रसादजी स्वयं संगीत और अखाड़े के प्रेमी थे। उनके परिवार के अन्य चाचा आदि भी अखाड़े में कसरत व कुश्ती के दाँव-पेच में जोर आजमाते थे। सम्भवतः इसी से प्रसाद के पुरुष पात्रों का माँसल सौन्दर्य उनकी रचनाओं में उभरकर आया है।

वह पचास से ऊपर था। तब भी युवकों से अधिक बलिष्ठ और दृढ़ था। चमड़े पर झुर्रियाँ नहीं पड़ी थीं। वर्षा की झड़ी में, पूस की रातों की छाया में, कड़कती हुई जेठ की धूप में, नंगे शरीर घूमने में वह सुख मानता था। उसकी चढ़ी मूँछें बिच्छू के डंक की तरह, देखने वालों की आँखों में चुभती थीं। उसका साँवला रंग, साँप की तरह चिकना और चमकीला था। उसकी नागपुरी धोती का लाल रेशमी किनारा दूर से ही ध्यान आकर्षित करता। कमर में बनारसी सेल्हे का फेंटा, जिसमें सीप की मूठ का *बिछूआ*[1] खुसा रहता था। उसक घुँघराले बालों पर सुनहरे पल्ले के साफे का छोर उसकी चौड़ी पीठ पर फैला रहता। ऊँचे कन्धे पर टिका हुआ चौड़ी धार का गँड़ासा, यह थी उसकी *धज*[2]। पंजों के बल पर वह चलता, तो उसकी नसें चटाचट बोलती थीं। वह गुण्डा था।

ईसा की अठारहवीं शताब्दी के अन्तिम भाग में वही काशी नहीं रह गयी थी, जिसमें उपनिषद् के अजातशत्रु की परिषद् में ब्रह्मविद्या सीखने के लिए विद्वान् ब्रह्मचारी आते थे। गौतमबुद्ध और शंकराचार्य के धर्म-दर्शन के वाद-विवाद, कई शताब्दियों से लगातार मन्दिरों और मठों के ध्वंस और तपस्वियों के वध के कारण प्रायः बन्द-से हो गये थे। यहाँ तक कि पवित्रता और छुआछूत में कट्टर वैष्णव-धर्म भी इस *विशृंखला*[3] में, नवागन्तुक धर्मोन्माद में अपनी असफलता देखकर काशी में *अघोर*[4] रूप धारण कर रहा था। उसी समय समस्त न्याय और बुद्धिवाद को शस्त्रबल के सामने झुकते देखकर, काशी के विच्छिन्न और निराश नागरिक जीवन ने एक नवीन सम्प्रदाय की सृष्टि की। वीरता जिसका धर्म था।

1. खंजर या कटार। 2. सजावट। 3. बिखराव। 4. भंयकर।

अपनी बात पर मिटना, सिंह-वृत्ति से जीविका ग्रहण करना, प्राण-भिक्षा माँगने वाले कायरों तथा चोट खाकर गिरे हुए प्रतिद्वन्द्वी पर शस्त्र न उठाना, सताये हुए निर्बलों को सहायता देना और प्रत्येक क्षण प्राणों को हथेली पर लिये घूमना, उसका *बाना*[1] था। उन्हें लोग काशी में *गुण्डा*[2] कहते थे।

जीवन की किसी *अलभ्य*[3] अभिलाषा से वंचित होकर जैसे प्रायः लोग विरक्त हो जाते हैं, ठीक उसी तरह मानसिक चोट से घायल होकर, एक प्रतिष्ठित जमींदार का पुत्र होने पर भी नन्हकूसिंह गुण्डा हो गया था। दोनों हाथों से उसने अपनी सम्पत्ति लुटायी। नन्हकूसिंह ने बहुत-सा रुपया खर्च करके जैसा स्वांग खेला था, उसे काशी वाले बहुत दिनों तक नहीं भूल सके। बसन्त ऋतु में वह प्रहसनपूर्ण अभिनय खेलने के लिए उन दिनों प्रचुर धन, बल, निर्भीकता और उच्छृंखलता की आवश्यकता होती थी। एक बार नन्हकूसिंह ने भी एक पैर में नुपूर, एक हाथ में तोड़ा, एक आँख में काजल, एक कान में हजारों की मोती तथा दूसरे कान में फटे हुए जूतों का तल्ला लटकाकर, एक हाथ में जड़ाऊ मूठ की तलवार, दूसरा हाथ आभूषणों से लदी हुई अभिनय करने वाली प्रेमिका के कन्धे पर रखकर गाया था–

"कही बैंगन वाली मिले, तो बुला देना।"

प्रायः बनारस के बाहर की हरियालियों में, अच्छे पानी वाले कुओं पर, गंगा की धारा में मचलती हुई डोंगी पर वह दिखायी पड़ता था। कभी-कभी जुएखाने से निकलकर जब वह चौक में आ जाता, तो काशी की रंगीली वेश्याएँ मुसकराकर उसका स्वागत करतीं और उसके दृढ़ शरीर को *सस्पृह*[4] देखतीं। वह *तमोली*[5] की ही दुकान पर बैठकर उनके गीत सुनता, ऊपर कभी नहीं जाता था। जुए की जीत का रुपया मुट्ठियों में भर-भरकर, उनकी खिड़की में इस तरह उछालता कि कभी-कभी समाजी लोग अपना सिर सहलाने लगते, तब वह ठठाकर हँस देता। जब कभी लोग कोठे के ऊपर चलने के लिए कहते, तो वह उदासी की साँस खींचकर चुप हो जाता।

वह अभी वंशी के जुआखाने से निकला था। आज उसकी कौड़ी ने साथ न दिया। सोलह परियों के नृत्य में उसका मन न लगा। मन्नू तमोली की दुकान पर बैठते हुए उसने कहा–"आज *साइत*[6] अच्छी नहीं रही, मन्नू!"

"क्यों मालिक! चिन्ता किस बात की है। हम लोग किस दिन के लिए हैं। सब आप ही का तो है।"

"अरे बुद्धू ही रहे तुम। नन्हकूसिंह जिस दिन किसी से लेकर जुआ खेलने

---

1. वेश। 2. स्वेच्छाचारी, निरंकुश। 3. जो प्राप्त न हो। 4. इच्छा-से। 5. पानवाला। 6. मुहूर्त।

लगे, तो उसी दिन समझना वह मर गये। तुम जानते नहीं कि मैं जुआ खेलने कब जाता हूँ, जब मेरे पास एक पैसा नहीं रहता। उसी दिन *नाल*[1] पर पहुँचते ही जिधर बड़ी ढेरी रहती है, उसी को *बदता*[2] हूँ और फिर वही दाँव आता भी है। बाबा कीनाराम का यह वरदान है।"

"तब आज क्यों, मालिक?"

"पहला दाँव तो आया ही, फिर दो-चार हाथ बदलने पर सब निकल गया। तब भी लो, यह पाँच रुपये बचे हैं। एक रुपया तो पान के लिए रख लो और चार दे दो मलूकी को, कह दो कि दुलारी से गाने के लिए कह दे, हाँ, वही एक गीत-"

"विलमि विदेश रहे।"

नन्हकूसिंह की बात सुनते ही मलूकी, जो अभी गाँजे की चिलम पर रखने के लिए अँगारा चूर कर रहा था, घबराकर उठ खड़ा हुआ। वह सीढ़ियों पर दौड़ता हुआ चढ़ गया। चिलम को देखने की शक्ति उसमें कहाँ। उसे नन्हकूसिंह की वह मूर्ति न भूली थी, जब इसी पान की दुकान पर जुएखाने से जीता हुआ, रुपये से भरा हुआ *तोड़ा*[3] लिये वह बैठा था। दूर से बोधीसिंह की बारात का बाजा बजता हुआ आ रहा था। नन्हकूसिंह ने पूछा-"यह किसकी बारात है?"

"ठाकुर बोधीसिंह के लड़के की।" मन्नू के इतना कहते ही नन्हकूसिंह के होंठ फड़कने लगे। उसने कहा-"मन्नू! यह नहीं हो सकता। आज इधर से बारात न जायेगी। बोधीसिंह हमसे निपटकर तब बारात इधर से ले जा सकेंगे।"

मन्नू ने कहा-"तब मालिक! मैं क्या करूँ?"

नन्हकूसिंह गँड़ासा कन्धे पर से और ऊँचा करके मलूकी से बोला-"मलुकिया देखता क्या है? अभी जा ठाकुर से कह दे कि बाबू नन्हकूसिंह आज यहीं *लगाने*[4] के लिए खड़े हैं। समझकर आयें, लड़के की बारात है।" मलुकिया काँपता हुआ ठाकुर बोधीसिंह के पास गया। बोधीसिंह और नन्हकूसिंह में पाँच वर्ष से सामना नहीं हुआ था। किसी दिन नाला पर कुछ बातों में ही कहा-सुनी होकर, बीच-बचाव हो गया था। फिर सामना नहीं हो सका। आज नन्हकूसिंह जान पर खेलकर अकेले खड़ा है। बोधीसिंह भी उस आन को समझते थे। उन्होंने मलूकी से कहा-"जा बे, कह दे कि हमको क्या मालूम कि बाबू साहब वहाँ खड़े हैं। जब वे हैं ही, तो दो समधी जाने का क्या काम है।" नन्हकूसिंह बारात लेकर गये। ब्याह में जो कुछ लगा, खर्च किया। ब्याह कराकर तब दूसरे दिन इसी दुकान पर आकर रुक गये। लड़के को और उसकी बारात को उसके घर भेज दिया।

---

1. जुआखाना। 2. दाँव पर लगाना। 3. थैली। 4. बदला साधने।

मलूकी को भी दस रुपया दिया था उस दिन। फिर नन्हकूसिंह की बात सुनकर बैठे रहना और यम को न्यौता देना एक ही बात थी। उसने जाकर दुलारी से कहा–"हम ठेका लगा रहे हैं, तुम गाओ, तब तक बल्लू सांरगी वाला पानी पीकर आता है।"

"बाप रे, कोई आफत आयी है क्या बाबू साहब? सलाम।" कहकर दुलारी ने खिड़की से मुसकराकर झाँका था कि नन्हकूसिंह उसके सलाम का जवाब देकर, दूसरे एक आने वाले को देखने लगे।

हाथ में हरौती की पतली-सी छड़ी, आँखों में सुरमा, मुँह में पान, मेंहदी लगी हुई लाल दाढ़ी, जिसकी सफेद जड़ दिखायी दे रही थी, कुव्वेदार टोपी, छकलिया अंगरखा और साथ में लेसदार परत वाले दो सिपाही। कोई मौलवी साहब हैं। नन्हकूसिंह हँस पड़ा। नन्हकू की ओर बिना देखे ही मौलवी ने एक सिपाही से कहा–"जाओ, दुलारी से कह दो कि आज रेजिडेण्ट साहब की कोठी पर मुजरा करना होगा, अभी से चले, देखो तब तक हम जानअली से कुछ इत्र ले रहे हैं।" सिपाही ऊपर चढ़ रहा था और मौलवी दूसरी ओर चले थे कि नन्हकूसिंह ने ललकारकर कहा–"दुलारी! हम कब तक यहाँ बैठे रहें। क्या अभी सारंगिया नहीं आया?"

दुलारी ने कहा–"वाह बाबू साहब! आप ही के लिए तो मैं यहाँ बैठी हूँ, सुनिए न! आप तो कभी...।" मौलवी जल उठा। उसने कड़ककर कहा–"चोबदार! अभी वह सूअर की बच्ची उतरी नहीं। जाओ, कोतवाल के पास मेरा नाम लेकर कहो कि मौलवी अलाउद्दीन कुबरा ने बुलाया है। आकर उसकी मरम्मत करें। देखता हूँ, जबसे नवाबी गयी, इन काफिरों की मस्ती बढ़ गयी है।"

कुबरा मौलवी! बाप रे! तमोली अपनी दुकान सम्भालने लगा। पास ही एक दुकान पर बैठकर ऊँघता हुआ बजाज चौंककर सिर में चोट खा गया। इसी मौलवी ने तो महाराज चेतसिंह से साढ़े तीन सेर चींटी के सिर का तेल माँगा था। मौलवी अलाउद्दीन कुबरा! बाजार में हलचल मच गयी। नन्हकूसिंह ने मन्नू से कहा–"क्यों, चुपचाप बैठोगे नहीं।" दुलारी से कहा–"वहीं से बाईजी! इधर-उधर हिलने का काम नहीं। तुम गाओ। हमने ऐसे घसियारे बहुत-से देखे हैं। अभी कल रात रमल के पासे फेंककर अधेला-अधेला माँगता था, आज चला है रोब गाँठने।"

अब कुबरा ने घूमकर उसकी ओर देखकर कहा–"कौन है यह पाजी!"

"तुम्हारे चाचा बाबू नन्हकूसिंह।" के साथ ही पूरा बनारसी झापड़ पड़ा। कुबरा का सिर घूम गया। लैस के परतले वाले सिपाही दूसरी ओर भाग चले और मौलवी साहब चौंधियाकर जानअली की दुकान पर लड़खड़ाते, गिरते-पड़ते किसी तरह पहुँच गये।

जानअली ने मौलवी से कहा–"मौलवी साहब! भला आप भी उस गुण्डे के मुँह लगने गये। यह तो कहिए कि उसने गँड़ासा नहीं *तौल*[1] दिया।" कुबरा के मुँह से बोली नहीं निकल रही थी। उधर दुलारी गा रही थी "विलमि विदेश रहे..." गाना पूरा हुआ, कोई आया-गया नहीं। तब नन्हकूसिंह धीरे-धीरे टहलता हुआ, दूसरी ओर चला गया। थोड़ी में एक डोली रेशमी परदे से ढकी हुई आयी। साथ में चोबदार था। उसने दुलारी को राजमाता पन्ना की आज्ञा सुनायी।

दुलारी चुपचाप डोली पर बैठी। डोली धूल और सन्ध्याकाल के धुएँ से भरी हुई बनारस की तंग गलियों से होकर शिवालय घाट की ओर चली।

(2)

श्रावण का अन्तिम सोमवार था। राजमाता पन्ना शिवालय में बैठकर पूजन कर रही थीं। दुलारी बाहर बैठी कुछ अन्य गानेवालियों के साथ भजन गा रही थी। चरणों में प्रणाम किया। फिर प्रसाद देकर बाहर आते ही उन्होंने दुलारी को देखा। उसने खड़ी होकर हाथ जोड़ते हुए कहा–"मैं पहले ही पहुँच जाती। क्या करूँ, वह कुबरा मौलवी निगोड़ा आकर रेजिडेण्ट की कोठी पर ले जाने लगा। घण्टों इसी झंझट में बीत गये, सरकार!"

"कुबरा मौलवी! जहाँ सुनती हूँ, उसी का नाम। सुना है कि उसने यहाँ भी आकर कुछ...।" फिर न जाने क्या सोचकर बात बदलते हुए पन्ना ने कहा–"हाँ, तब फिर क्या हुआ? तुम यहाँ कैसे आ सकीं?"

"बाबू नन्हकूसिंह उधर से आ गये।" मैंने कहा–"सरकार की पूजा पर मुझे भजन गाने को जाना है और यह जाने नहीं दे रहा है। उन्होंने मौलवी को ऐसा लगाया कि उसकी *हेकड़ी*[2] भूल गयी और तब जाकर मुझे किसी तरह यहाँ आने की छुट्टी मिली।"

"कौन बाबू नन्हकूसिंह!"

दुलारी ने सिर नीचा करके कहा–"अरे, क्या सरकार को नहीं मालूम? बाबू निरंजनसिंह के लड़के। उस दिन, जब मैं बहुत छोटी थी, आपकी बारी में झूला झूल रही थी, जब नवाब का हाथी बिगड़कर आ गया था, बाबू निरंजनसिंह के कुँवर ने ही तो उस दिन हम लोगों की रक्षा की थी।"

राजमाता का मुख उस प्राचीन घटना को स्मरण करके न जाने क्यों *विवर्ण*[3] हो गया। फिर अपने को सम्भालकर उन्होंने कहा–"तो बाबू नन्हकूसिंह उधर कैसे आ गये?"

दुलारी ने मुसकराकर सिर नीचा कर लिया। दुलारी राजमाता पन्ना के पिता की जमींदारी में रहने वाली वेश्या की लड़की थी। उसके साथ ही कितनी बार

1. मार दिया। 2. अकड़, घमण्ड। 3. कान्तिहीन, पीला।

झूले-हिण्डोले अपने बचपन में पन्ना झूल चुकी थी। वह बचपन से ही गाने में सुरीली थी। सुन्दरी थी। सुन्दरी होने पर चंचल भी थी। पन्ना जब काशीराज की माता थी, तब दुलारी काशी की प्रसिद्ध गाने वाली थी। राजमहल में उसका गाना-बजाना हुआ ही करता। महाराज बलवन्तसिंह के समय से ही संगीत पन्ना के जीवन का आवश्यक अंश था। हाँ, अब प्रेम-दुःख और दर्द-भरी विरह-कल्पना के गीत की ओर अधिक रुचि न थी। अब सात्विक भावपूर्ण भजन होता था। राजमाता पन्ना का वैधव्य से दीप्त शान्त मुखमण्डल कुछ मलिन हो गया था।

बड़ी रानी सा *सापत्न्य*[1] ज्वाला बलवन्तसिंह के मर जाने पर भी नहीं बुझी। अन्तःपुर कलह का रंगमंच बना रहता, इसी से प्रायः पन्ना काशी के राजमन्दिर में आकर पूजा-पाठ में अपना मन लगाती। रामनगर में उनको चैन नहीं मिलता। नयी रानी होने के कारण बलवन्तसिंह के प्रेयसी होने का गौरव तो उसे था ही, साथ में पुत्र उत्पन्न करने का सौभाग्य भी मिला, फिर भी *असवर्णता*[2] का सामाजिक दोष उसके हृदय को व्यथित करता। उसे अपने ब्याह की आरम्भिक चर्चा का स्मरण हो आया।

छोटे-से मंच पर बैठी, गंगा की उमड़ती हुई धारा को पन्ना अन्यमनस्क होकर देखने लगी। उस बात को, जो अतीत में एक बार, हाथ से अनजाने में खिसक जाने वाली वस्तु की तरह गुप्त हो गयी हो, सोचने का कोई कारण नहीं। उससे कुछ बनता-बिगड़ता भी नहीं, परन्तु मानव-स्वभाव हिसाब रखने की प्रथानुसार कभी-कभी कह बैठता है कि यदि वह बात हो गयी होती तो? ठीक उसी तरह पन्ना भी राजा बलवन्तसिंह द्वारा बलपूर्वक रानी बनाये जाने के पहले की एक सम्भावना को सोचने लगी थी। सो भी बाबू नन्हकूसिंह का नाम सुन लेने पर। गेंदा मुँहलगी दासी थी। वह पन्ना के साथ उसी दिन से है, जिस दिन से पन्ना बलवन्तसिंह की प्रेयसी हुई। राज्य-भर का *अनुसन्धान*[3] उसी के द्वारा मिला करता और उसे न जाने कितनी जानकारी भी थी। उसने दुलारी का रंग उखाड़ने के लिए कुछ कहना आवश्यक समझा।

"महारानी! नन्हकूसिंह अपनी सब जमींदारी स्वांग, भैंसों की लड़ाई, घुडदौड़ और गाने-बजाने में उड़ाकर अब डाकू हो गया है। जितने खून होते हैं, सबमें उसी का हाथ रहता है। जितनी...।" उसे रोककर दुलारी ने कहा-"यह झूठ है। बाबू साहब के जैसा धर्मात्मा तो कोई है ही नहीं। कितनी विधवाएँ उनकी दी हुई धोती से अपना तन ढकती हैं। कितनी लड़कियों की ब्याह-शादी होती है। कितने सताये हुए लोगों की उनके द्वारा रक्षा होती है।"

रानी पन्ना के हृदय में एक तरलता उद्वेलित हुई। उन्होंने हँसकर कहा-"दुलारी!

---

1. सौतेलापन। 2. निम्न कुलीन जातियता। 3. खोजपूर्ण समाचार।

वे तेरे यहाँ आते हैं न? इसी से तू उनकी बड़ाई...।"

"नहीं सरकार! शपथ खाकर कह सकती हूँ कि बाबू नन्हकूसिंह ने आज तक कभी मेरे कोठे पर पैर नहीं रखा।"

राजमाता न जाने क्यों इस अद्‌भुत व्यक्ति को समझने के लिए चंचल हो उठी थीं। तब उन्होंने दुलारी को आगे कुछ न कहने के लिए तीखी दृष्टि से देखा। वह चुप हो गयी। पहले पहर की शहनाई बजने लगी। दुलारी छुट्टी माँगकर डोली पर बैठ गयी। तब गेंदा ने कहा-"सरकार! आजकल नगर की दशा बड़ी बुरी है। दिनदहाड़े लोग लूट लिये जाते हैं। सैकड़ों जगह नाल पर जुए में लोग अपना सर्वस्व गँवाते हैं। बच्चे फुसलाये जाते हैं। गलियों में लाठियाँ और छुरा चलने के लिए टेढ़ी भौंहें कारण बन जाती हैं। उधर रेजिडेण्ट साहब से महाराज की अनबन चल रही है।" राजमाता चुप रहीं।

दूसर दिन राजा चेतसिंह के पास रेजिडेण्ट मार्कहेम की चिट्‌ठी आयी, जिसमें नगर की दुर्व्यवस्था की कड़ी आलोचना थी। डाकुओं और गुण्डों को पकड़ने के लिए उन पर कड़ा नियन्त्रण रखने की सम्मति भी थी। कुबरा मौलवी वाली घटना का भी उल्लेख था। उधर हेस्टिंगज के आने की भी सूचना थी। शिवालयघाट और रामनगर में हलचल मच गयी। कोतवाल हिम्मतसिंह पागल की तरह, जिसके हाथ में लाठी, लोहाँगी, गँड़ास, बिछुआ और करौली देखते, उसी को पकड़ने लगे।

एक दिन नन्हकूसिंह सुम्भा के नाले के संगम पर ऊँचे-से टीले की घनी हरियाली में अपने चुने हुए साथियों के साथ *दूधिया*[1] छान रहे थे। गंगा में उनकी पतली डोंगी बड़ की *जटा*[2] से बँधी थी। कथकों का गाना हो रहा था। चार *उलाँकी*[3] इक्के कसे-कसाये खड़े थे।

नन्हकूसिंह ने अकस्मात् कहा-"मलूकी! गाना जमता नहीं है। उलाँकी पर बैठकर जाओ, दुलारी को बुला लाओ।" मलूकी वहाँ से मंजीरा बजा रहा था। दौड़कर इक्के पर जा बैठा। आज नन्हकूसिंह का मन उखड़ा हुआ था। बूटी कई बार छानने पर भी नशा नहीं। एक घण्टे में दुलारी सामने आ गयी। उसने मुसकराकर कहा-"क्या हुक्म है बाबू साहब?"

"दुलारी! आज गाना सुनने का मन कर रहा है।"

"इस जंगल में क्यों?" उसने सशंक हँसकर कुछ अभिप्राय से पूछा।

"तुम किसी तरह का खटका न करो।" नन्हकूसिंह ने हँसकर कहा।

"यह तो मैं उस दिन महारानी से भी कह आयी हूँ"

---

1. दूध में बनी भाँग। 2. जड़। 3. एक घोड़े का ताँगा।

"क्या, किससे?"

"राजमाता पन्नादेवी से।" फिर उस दिन गाना नहीं जमा। दुलारी ने आश्चर्य से देखा कि तानों में नन्हकूसिंह की आँखें तर हो जाती हैं। गाना-बजाना समाप्त हो गया। वर्षा की रात में *झिल्लियों*[1] का स्वर उस झुरमुट में गूँज रहा था। मन्दिर के समीप ही छोटे-से कमरे में नन्हकूसिंह चिन्ता में निमग्न बैठा था। आँखों में नींद नहीं, और सब लोग तो सोने लगे थे, दुलारी जाग रही थी। वह भी कुछ सोच रही थी। आज उसे अपने को रोकने के लिए कठिन प्रयत्न करना पड़ रहा था, किन्तु असफल होकर वह उठी और नन्हकूसिंह के समीप धीरे-धीरे चली आयी। कुछ आहट पाते ही चौंककर नन्हकूसिंह ने पास ही पड़ी हुई तलवार उठा ली। तब तक हँसकर दुलारी ने कहा-"बाबू साहब! यह क्या? स्त्रियों पर तलवार चलायी जाती है।"

छोटे-से दीपक के प्रकाश में वासना-भरी रमणी का मुख देखकर नन्हकूसिंह हँस पड़ा। उसने कहा-"क्यों बाईजी! क्या इसी समय जाने की पड़ी है। मौलवी ने फिर बुलाया है क्या?" दुलारी नन्हकूसिंह के पास बैठ गयी। नन्हकूसिंह ने कहा-"क्या तुमको डर लग रहा है?"

"नहीं, मैं कुछ कहने आयी हूँ।"

"क्या?"

"क्या,...यही कि...कभी आपके हृदय में...।"

"उसे न पूछो दुलारी। हृदय को बेकार ही समझकर तो उसे हाथ में लिये फिर रहा हूँ। कोई कुछ कर देता-कुचलता-चीरता-उछालता। मर जाने के लिए सब कुछ तो करता हूँ, पर मरने नहीं पाता।"

"मरने के लिए भी कहीं खोजने जाना पड़ता है। आपको काशी का हाल क्या मालूम! न जाने घड़ी भर में क्या हो जाये। उलट-पलट होने वाला है क्या, बनारस की गलियाँ जैसे काटने दौड़ती हैं।"

"कोई नयी बात इधर हुई है क्या?"

"कोई हेस्टिंग्ज आया है। सुना है, उसने शिवालयघाट पर *तिलंगों*[2] की कम्पनी का पहरा बैठा दिया है। राजा चेतसिंह और राजमाता पन्ना वहीं हैं। कोई-कोई कहता है कि उनको पकड़कर कलकत्ता भेजने...।"

"क्या पन्ना भी...रनिवास भी वहीं है।" नन्हकूसिंह अधीर हो उठा था।

"क्यों बाबू साहब, आज रानी पन्ना का नाम सुनकर आपकी आँखों में आँसू क्यों आ गये?"

---

1. झींगुरों। 2. अँग्रेजों।

सहसा नन्हकूसिंह का मुख भयानक हो उठा। उसने कहा-"चुप रहो, तुम उसको जानकर क्या करोगी?" वह उठ खड़ा हुआ। *उद्विग्न*[1] की तरह न जाने क्या खोजने लगा, फिर स्थिर होकर उसने कहा "दुलारी! जीवन में आज यह पहला दिन है कि एकान्त रात में एक स्त्री मेरे पलंग पर आकर बैठ गयी है। मैं चिरकुमार अपनी एक प्रतिज्ञा का निर्वाह करने के लिए सैकड़ों असत्य, अपराध करता *फिर*[2] रहा हूँ। क्यों, तुम जानती हो? मैं स्त्रियों का घोर विद्रोही हूँ और पन्ना!...किन्तु उसका क्या अपराध! अत्याचारी बलवन्तसिंह के कलेजे में बिछुआ मैं न उतार सका। किन्तु पन्ना! उसे पकड़कर गोरे कलकत्ता भेज देंगे। वही...।"

नन्हकूसिंह उन्मत्त हो उठा। दुलारी ने देखा, नन्हकूसिंह अन्धेरे में ही वट-वृक्ष के नीचे पहुँचा और गंगा की उमड़ती हुई धारा में डोंगी खोल दी, उसी घने अन्धकार में। दुलारी का हृदय काँप उठा।

(3)

16 अगस्त सन् 1881 को काशी डाँवाडोल हो रही थी। शिवालयघाट में राजा चेतसिंह लेफ्टिनेण्ट इस्टाकर के पहरे में थे। नगर में आतंक था। दुकानें बन्द थीं। घरों में बच्चे अपनी माँ से पूछते थे-"माँ! आज हलुए वाला नहीं आया।" वह कहती-"चुप बेटे!" सड़कें सूनी पड़ी थीं। तिलंगों की कम्पनी के आगे-आगे कुबरा मौलवी कभी-कभी, आता-जाता दिखायी पड़ता था। उस समय खुली हुई खिड़कियाँ बन्द हो जाती थीं। भय और सन्नाटे का राज्य था। चौक में चिथरूसिंह की हवेली अपने भीतर काशी की वीरता को बन्द किये कोतवाल का अभिनय कर रही थी। इस समय किसी ने पुकारा-"हिम्मतसिंह!"

खिड़की से सिर निकालकर हिम्मतसिंह ने पूछा-"कौन?"

"बाबू नन्हकूसिंह।"

"अच्छा, तुम अब तक बाहर ही हो?"

"पागल! राजा कैद हो गये हैं। छोड़ दो इन सब बहादुरों को। हम एक बार इनको लेकर शिवालयघाट पर जायें।"

"ठहरो।" कहकर हिम्मतसिंह ने कुछ आज्ञा दी, सिपाही बाहर निकले। नन्हकूसिंह की तलवार चमक उठी। सिपाही भीतर भागे। नन्हकूसिंह ने कहा-"नमकहरामों! चूड़ियाँ पहन लो।" लोगों के देखते-देखते नन्हकूसिंह चला गया। कोतवाली के सामने फिर सन्नाटा हो गया।

नन्हकूसिंह उन्मत्त था उसके थोड़े-से साथी उसकी आज्ञा पर जान देने के

---

1. बेचैन। 2. घूमना।

लिए तुले थे। वह नहीं जानता था कि राजा चेतसिंह का क्या राजनैतिक अपराध है? उसने कुछ सोचकर अपने थोड़े-से साथियों को फाटक पर गड़बड़ मचाने के लिए भेज दिया। इधर अपनी डोंगी लेकर शिवालय की खिड़की के नीचे धारा काटता हुआ पहुँचा। किसी तरह निकले हुए पत्थर से रस्सी लटकाकर, उस चंचल *डोंगी*[1] को उसने स्थिर किया और बन्दर की तरह उछलकर खिड़की के भीतर हो रहा। उस समय वहाँ राजमाता पन्ना और राजा चेतसिंह से बाबू मनिहार सिंह कह रहे थे-"आपके यहाँ रहने से, हम लोग क्या करें, यह समझ में नहीं आता। पूजा-पाठ समाप्त करके आप रामनगर चली गयी होतीं, तो यह...।"

तेजस्विनी पन्ना ने कहा-"अब मैं रामनगर कैसे चली जाऊँ?"

मनिहार सिंह दुखी होकर बोले-"कैसे बताऊँ? मेरे सिपाही तो बन्दी हैं।"

इतने में फाटक पर *कोलाहल*[2] मचा। राज-परिवार अपनी मन्त्रणा में डूबा था कि नन्हकूसिंह का आना उन्हें मालूम हुआ। सामने का द्वार बन्द था। नन्हकूसिंह ने एक बार गंगा की धारा को देखा, उसमें एक नाव घाट पर लगने के लिए लहरो से लड़ रही थी। वह प्रसन्न हो उठा। इसी की प्रतीक्षा में वह रुका था। उसने जैसे सबको सचेत करते हुए कहा-"महारानी कहाँ हैं?"

सबने घूमकर देखा-एक अपरिचित वीर-मूर्ति! शस्त्रों से लदा हुआ पूरा देव।

चेतसिंह ने पूछा-"तुम कौन हो?"

"राज-परिवार का एक बिना दाम का सेवक।"

पन्ना के मुँह से हलकी-सी एक साँस निकलकर रह गयी। उसने पहचान लिया। इतने वर्षों के बाद वही नन्हकूसिंह।

मनियारसिंह ने पूछा-"तुम क्या कर सकते हो?"

"मैं मर सकता हूँ। पहले महारानी को डोंगी पर बिठाइए। नीचे दूसरी डोंगी पर अच्छे मल्लाह हैं। फिर बात कीजिए।" मनियारसिंह ने देखा, जनानी ड्योढ़ी का दरोगा राज की एक डोंगी पर चार मल्लाहों के साथ खिड़की से नाव सटाकर प्रतीक्षा में है। उन्होंने पन्ना से कहा-"चलिए, मैं साथ चलता हूँ।"

"और...।" चेतसिंह को देखकर, पुत्रवत्सला ने संकेत से एक प्रश्न किया, उसका उत्तर किसी के पास न था। मनियारसिंह ने कहा-"तब मैं यहीं? नन्हकूसिंह ने हँसकर कहा-"मेरे मालिक, आप नाव पर बैठें। जब तक राजा भी नाव पर न

---

1. छोटी नौका। 2. शोर-शराबा।

बैठ जायेंगे, तब तक सत्रह गोली खाकर भी नन्हकूसिंह जीवित रहने की प्रतिज्ञा करता है।"

पन्ना ने नन्हकूसिंह को देखा। एक क्षण के लिए चारों आँखें मिलीं, जिनमें जन्म-जन्म का विश्वास ज्योति की तरह जल रहा था। फाटक बलपूर्वक खोला जा रहा था। नन्हकूसिंह ने उन्मत्त होकर कहा-"मालिक! जल्दी कीजिए।"

दूसरे क्षण पन्ना डोंगी पर थी और नन्हकूसिंह फाटक पर इस्टाकर के साथ। चेतराम ने आकर एक चिट्ठी मनियारसिंह के हाथ में दी। लेफ्टिनेण्ट ने कहा-"आपके आदमी गड़बड़ मचा रहे हैं। अब मैं अपने सिपाहियों को गोली चलाने से नहीं रोक सकता।"

"मेरे सिपाही यहाँ कहाँ हैं, साहब?" मनियारसिंह ने हँसकर कहा। बाहर कोलाहल बढ़ने लगा।

चेतराम ने कहा-"पहले चेतसिंह को कैद कीजिए।"

"कौन ऐसी हिम्मत करता है?" कड़ककर कहते हुए बाबू मनियारसिंह ने तलवार खींच ली। अभी बात पूरी न हो सकी थी कि कुबरा मौलवी वहाँ पहुँचा। यहाँ मौलवी साहब की कलम नहीं चल सकती थी, और न ये बाहर ही जा सकते थे। उन्होंने कहा-"देखते क्या हो चेतराम!"

चेतराम ने राजा के ऊपर हाथ रखा ही था कि नन्हकूसिंह के सधे हुए हाथ न उसकी भुजा उड़ा दी। इस्टाकर आगे बढ़े, मौलवी साहब चिल्लाने लगे। नन्हकूसिंह ने देखते-देखते इस्टाकर और उसके कई साथियों को धराशायी किया। फिर मौलवी साहब कैसे बचते।

नन्हकूसिंह ने कहा-क्यों, उस दिन के झापड़ ने तुमको समझाया नहीं? पाजी!" कहकर ऐसा साफ *जनेवा*[1] मारा कि कुबरा ढेर हो गया। कुछ ही क्षणों में यह भीषण घटना हो गयी, जिसके लिए अभी कोई प्रस्तुत न था।

नन्हकूसिंह ने ललकारकर चेतसिंह से कहा-"आप क्या देखते हैं, उतरिए डोंगी पर।" उसके घावों से रक्त के फुहारे छूट रहे थे। इधर फाटक से तिलंगे भीतर आने लगे थे। चेतसिंह ने खिड़की से उतरते हुए देखा कि बीसों तिलंगों की संगीनों में वह अविचल खड़ा होकर तलवार चला रहा था। नन्हकूसिंह के चट्टान-सदृश शरीर से *गैरिक*[2] की तरह रक्त की धारा बह रही थी। गुण्डे का एक-एक अंग कटकर वहीं गिरने लगा। वह काशी का गुण्डा था।

---

1. तिरछा प्रहार। 2. गेरू के रंग।

शिक्षा

एकतरफा प्रेम सफल नहीं होता, दोनों ओर लगन होनी चाहिए।

सन्देश

➤ प्रेम में कुरबान होना ही सच्चा प्रेम है।

➤ प्रेम और बलिदान एक-दूसरे के पूरक हैं।

आत्म–विकास/व्यक्तित्व विकास

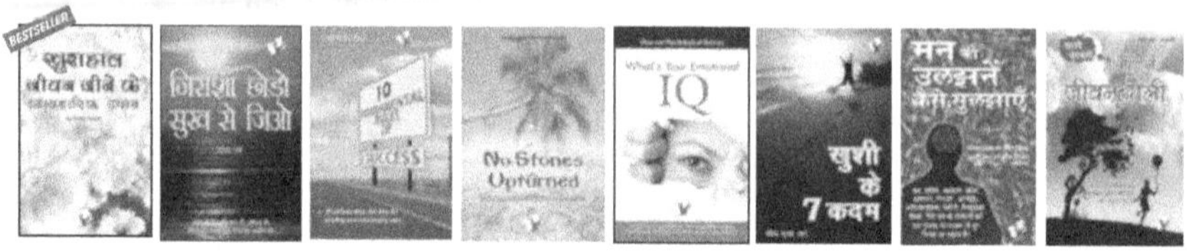

Also Available in Hindi   Also Available in Hindi   Also Available in Kannada, Tamil

Also Available in Kannada

Also Available in Kannada

हमारी सभी पुस्तकें www.vspublishers.com पर उपलब्ध हैं

धर्म एवं आध्यात्मिकता/ज्योतिष/हस्तरेखा/वास्तु/सम्मोहन शास्त्र

कैरियर एण्ड बिजनेस मैनेजमेंट

Also Available
in Hindi, Kannada

Also Available
in Hindi, Kannada

हमारी सभी पुस्तकें www.vspublishers.com पर उपलब्ध हैं

क्विज़ बुक

इंग्लिश इम्प्रूव

एक्टिविटीज़ बुक

उद्धरण/सूक्तियाँ

आत्मकथा

चिल्ड्रंस साइंस लाइब्रेरी

आई ई एल टी एस टेक सीरीज

कम्प्यूटर्स बुक

Also available in Hindi   Also available in Hindi

हमारी सभी पुस्तकें www.vspublishers.com पर उपलब्ध हैं

www.ingramcontent.com/pod-product-compliance
Lightning Source LLC
LaVergne TN
LVHW052310060326
832902LV00021B/3807
* 9 7 8 9 3 5 0 5 7 6 8 7 8 *